# LA RECUPERACIÓN CORRECTA PARA TI

Empoderándote a superar cualquier adicción o comportamiento compulsivo adictivo

por Marilyn Maxwell Bradford,
MSSW, MEd, CFMW

# Contents

*Introducción* ......................................................................... 5

*Agradecimiento* .................................................................... 7

1. Mitos y mentiras sobre la adicción ...................................... 9

2. El antídoto para la adicción ............................................... 30

3. ¿Qué tiene de correcto la adicción? ................................... 60

4. Fin del juicio, fin de la adicción ......................................... 74

5. La adicción primaria:el juicio de lo erróneo de ti ............... 87

6. Abuso y adicción ............................................................. 101

7. Trascendiendo el abuso ................................................... 117

8. Adicción y cuerpos .......................................................... 132

9. Adicción y vidas pasadas ................................................. 145

10. Adicción y entidades ..................................................... 153

11. ¿Qué es la verdadera recuperación? .............................. 160

*Apéndice* ........................................................................... 170

*Recursos* ........................................................................... 182

# Introducción

Hola, mi nombre es Marilyn Bradford y me gustaría invitarte a una posibilidad diferente para superar la adicción.

Mi relación con la adicción empezó en la infancia temprana. Cuando tenía siete años, fui tan adicta al azúcar, que mis padres tenían que limitar cuánto dinero podía gastar al día en dulces. Más tarde desarrollé adicción a los cigarrillos, la comida y el alcohol, también ciertos comportamientos como juzgarme a mí misma intentando hacer las cosas "bien". Lo que no entendía hasta entonces era que elegía mis adicciones como manera de lidiar con no encajar, sentirme inherentemente equivocada y estar abrumada por la barricada de pensamientos, sentimientos y emociones en mi cabeza. Mi recuperación fue un proceso lento y difícil. ¡Lástima que no sabía entonces lo que sé ahora!

Seguí bebiendo, fumando y abusando con comer o no comer durante las siguientes décadas. Finalmente, en un momento en que mi matrimonio estaba fallando y yo bebía hasta perder totalmente la consciencia casi cada noche, empecé a tomar sesiones de psicoterapia. Tuve la suerte de encontrar un terapeuta talentoso y no tradicional que me ayudó a empezar a desentrañar mi loca red de mentiras y sistema de creencias. Después de trabajar juntos por un tiempo, me envió a un programa de doce pasos para ayudarme a dejar de beber alcohol, ya que eso parecía la mejor opción disponible en ese momento. Para entonces, mi matrimonio se había derrumbado, yo estaba lidiando con la depresión y estaba alejada de mi familia. Sin embargo, empezaba a vislumbrar una vida que era más completa y emocionante que cualquier cosa que hubiera creído posible.

Poco después, entré en un programa de posgrado para convertirme en terapeuta con especialidad en la adicción. Este programa enfatizó la importancia de empoderar a las personas para que tengan mayor elección y control en sus vidas. Al graduarme, trabajé durante tres años y medio en un hospital psiquiátrico, donde dirigía la unidad de trauma para adultos y trabajé con adictos. Luego, empecé en la práctica privada. En los próximos años, me enfrenté a la paradoja de trabajar para permanecer sobria, admitiendo mi impotencia y entregando mi vida y mi voluntad a alguien o algo más grande que yo, mientras que al mismo tiempo trabajaba desde una teoría fundamentada en la importancia de empoderar a otros.

Procuré aprender acerca de otros programas de recuperación, y los probé todos. De alguna manera, aplicar la respuesta de otra persona a mi adicción parecía requerir una enorme cantidad de esfuerzo para un resultado insatisfactorio. Sí, me mantuve sobria, pero a un gran costo para mi ser. Me dijeron que tenía que tener una identidad permanente como alcohólica y usar horas de trabajo para permanecer sobria. La dificultad para mí fue que deseaba tener una vida basada en mucho más que un programa de recuperación restrictiva, y deseaba ofrecer esa mayor posibilidad a mis clientes.

¡Qué alivio fue encontrar Access Consciousness! Por fin había herramientas, técnicas y procesos que realmente empoderaban, que podía aplicar a lo que sea que estaba sucediendo en mi vida, incluyendo mis todavía existentes problemas con la adicción. Estas herramientas eran tan efectivas que empecé a enseñarlas a mis clientes, con resultados sorprendentes. Ya no había necesidad de abordar la adicción usando la manera de otra persona. Las herramientas permitieron a cada uno de mis clientes descubrir qué era verdadera recuperación para él o ella personalmente. Los resultados fueron tan drásticamente diferentes a los de la psicoterapia o del tratamiento tradicional de la adicción, que le pregunté a Gary Douglas, el fundador de Access Consciousness, si pudiéramos iniciar un programa de adicción, basado en Access Consciousness. Este fue el comienzo de *Right Recovery For You, LLC* (La recuperación correcta para ti).

Si estás dispuesto a considerar un enfoque radicalmente diferente hacia la adicción, este libro es para ti. La recuperación correcta para ti no ofrece un sistema en el cual tienes que encajar. No te dice qué hacer o darte respuestas sobre tu vida. Lo que ofrece son herramientas, técnicas, información y procesos que puedes utilizar para despejar tus problemas con la adicción y crear una vida más allá de cualquier comportamiento adictivo o compulsivo. Es *tu* elección. Puede parecer un poco aterrador al principio, sin embargo, con valentía y determinación, puedes trascender la conducta adictiva que pensaste que te poseería durante el resto de tu vida.

# Agradecimiento

## Gary Douglas

El programa de La recuperación correcta para ti no habría sido posible sin Gary Douglas, el fundador de Access Consciousness. No sólo proporcionaba muchas de las herramientas, técnicas y procesos verbales; sino ha apoyado enérgicamente mis esfuerzos y todas las cosas relacionadas con La recuperación correcta para ti. Su brillantez, aliento inagotable, verdadera bondad y generosidad de espíritu me han animado a cambiar, crear y crecer de maneras que nunca soñé que eran posibles. No tengo palabras para agradecerle adecuadamente, así que, simplemente voy a decir: "Inmensa gratitud hacia ti, Gary Douglas. ¡Eres genial!".

## Dona Haber

Muchas gracias a Dona, mi increíble editora, por sus ideas inspiradas y capacidades de edición, por las tazas interminables de té de jengibre y por la facilidad con la que me ha acompañado en el proceso de escribir este libro. Y por las numerosas risas y buenos momentos que hemos tenido con lo que algunas personas podrían considerar un tema pesado. ¡Dona es una joya!

## Simone Milasas

Me gustaría agradecer a Simone por apoyar proactivamente La recuperación correcta para ti y por salir de su camino para animarme de cualquier manera que pudiera. Tengo tanto respeto por Simone, por su claridad, su sabiduría y su capacidad para ver qué es y dónde pueden ir las cosas. Su consciencia de las posibilidades, combinada con su pragmatismo y su enfoque a la vida "hagámoslo ahora", ha sido un gran regalo.

### Dr. Dain Heer

Dain ha sido un defensor de mi trabajo con La recuperación correcta para ti desde el principio. No sólo me ha animado a dar clases, sino que ha desempeñado un papel crucial en mi voluntad de adentrarme en el tener y ser más de mí. ¡Y me hace reír! Muchas gracias, Dain, por tu apoyo y por tu increíblemente ingenioso, inusual sentido del humor. Tú alumbras lo que es estúpido e insano de una manera que te permite cambiar con facilidad.

### Suzy Godsey y Charlie

Me gustaría agradecer a Suzy y a Charlie por hacerse amigos conmigo y por darme un lugar maravilloso para quedarme mientras trabajaba sobre el libro en Santa Bárbara. Y por toda su bondad. En Access, todos sabemos que Suzy es la persona más simpática del mundo, y he llegado a darme cuenta de que Charlie es el perro más simpático del mundo. Gracias a ambos por crear un espacio tan encantador para descansar, rejuvenecer y divertirme.

### Blossom Benedict

Me gustaría agradecer a Blossom por su voluntad de hacerme preguntas y compartir conmigo lo que ella ha hecho con su programa de La voz correcta para ti. Ella tiene una maravillosa generosidad de espíritu y una voluntad de contribuir. También aprecio su alegría de ser y la facilidad que ella trae a todo lo que está haciendo. Blossom siempre inspira una sensación de "voy a tener lo que ella está teniendo" y lo he usado para motivarme a mí misma a elegir más.

### Pam Houghteling, Donnielle Carter y Stephen Outram

También me gustaría dar las gracias a Pam, Donnielle y Stephen por ser los increíblemente profesionales, astutos, creativos y generosos seres que son. Cada uno de ustedes me ha ayudado a mí y a La recuperación correcta para ti de maneras maravillosas y útiles. ¡Muchas gracias!

# 1

## Mitos y mentiras sobre la adicción

*Mientras estés operando desde lo que te han dicho que la adicción es, y todos los mitos y mentiras que van junto con eso, nunca serás capaz de elegir más allá de ella.*

Hay tanta desinformación que rodea la adicción que, en el mejor de los casos, es un tema muy confuso. Agravado por mentiras e información errónea, muchas personas que sinceramente desean alejarse de su comportamiento adictivo o compulsivo sufren fracaso innecesario y decepción simplemente porque carecen de información precisa y herramientas efectivas. Me gustaría empezar por aclarar muchos de los mitos más destructivos y mentiras sobre la adicción.

### Paradigmas

Todos operamos desde paradigmas en nuestras vidas. Un paradigma es un conjunto de suposiciones, conceptos, valores y prácticas que constituyen una visión de la realidad. Da forma al modo en que una persona ve el mundo. Por ejemplo, todas las religiones son paradigmas. El modelo estándar de la física es un paradigma. La medicina occidental es un paradigma. Y hay un paradigma tradicional para el tratamiento de adicciones en nuestra sociedad.

La mayoría de nosotros creemos que operamos desde un lugar de mente abierta, y eso es a menudo cierto, al menos en cierta medida. Somos de mentalidad abierta, queremos saber la verdad, y estamos dispuestos a mirar los hechos y considerar otros puntos de vista. Pero a veces, hay lugares a los que simplemente no vamos a ir. Hay ideas o posibilidades que no consideraremos porque nos hemos creído un paradigma que no permite la existencia de esa cosa.

En el mundo antiguo, la gente creía que la Tierra tenía la forma de un plano o un disco. Todos se compraron el paradigma de que el mundo era plano. Pensaron: "Bueno, por supuesto que estoy abierto a nuevas ideas, pero nunca intentaría navegar alrededor del mundo porque el mundo es plano, y todos saben que nos caeríamos en la orilla". El paradigma dirigía lo que la persona podía o no podía creer, y lo que podían o no podían elegir.

Aquí hay algo importante sobre los paradigmas, y esto se aplica directamente a las creencias convencionales sobre el tratamiento y la recuperación de las adicciones. Si el paradigma en el que crees no se basa en la información que es verdadera y viable, posiblemente no podrás tener éxito con ello. Veo cómo esto sucede una y otra vez con personas brillantes, sorprendentes, maravillosas que tienen adicciones. Se consideran a sí mismos fracasados porque el paradigma que usaron para intentar detener su comportamiento adictivo o compulsivo se basó en creencias o suposiciones que no eran exactas. Aceptaron mitos, ideas y sistemas que eran defectuosos, inválidos y no verdaderos, y esos mitos y mentiras les impidieron tener un resultado satisfactorio o exitoso, sin importar lo duro que lo intentaron.

Déjame hacerte una pregunta. ¿No has sabido siempre, en alguna parte, que muchas de las cosas que te han contado sobre la adicción no eran ciertas? ¿No has sabido siempre que debía haber herramientas que realmente podrían funcionar, y que hay una manera de abordar tu comportamiento adictivo o compulsivo que cambiaría todo y te permitiría terminarlo permanentemente?

Tienes razón. Tu saber es correcto. Por eso estoy escribiendo este libro.

## Sabiendo lo que sabes

Antes de seguir adelante, quiero reconocerte por saber lo que sabes, porque este conocimiento es un gran componente para desbloquearte de la adicción. Este libro no trata de darte las respuestas. No te va a decir que tienes que hacerlo de esta manera o tienes que hacerlo de aquella manera. El propósito de este libro es empoderarte al darte herramientas efectivas e información precisa que puedes usar para tomar diferentes elecciones de vida y cambiar cualquier comportamiento que desees cambiar.

Cada vez que presente cualquier información, me gustaría que consultes contigo mismo para ver si resuena para ti. Sabes lo que te va a funcionar, y lo que no. Sabes lo que es verdad para ti. Puede responder a esas afirmaciones diciendo: "¡Ayuda! No puedo saber lo que sé. He intentado hacer eso. Siempre me equivoco".

Entiendo que puede sentirse como que así es como es, pero no es muy certero. Lo que obstaculiza tu conocimiento son todos los mitos, mentiras y desinformación que has comprado y creído sobre la adicción, quién eres, de qué eres capaz, y qué es y no es tu relación con la adicción.

Entonces, comencemos viendo algunos de los mitos y mentiras sobre la adicción que existen hoy en día. Pero antes de hacer eso, me gustaría que tomaras un momento y escribieras de cuatro a seis cosas que te han contado sobre la adicción. Esto puede ayudar a aclarar algunos de los paradigmas que te has comprado sin siquiera ser consciente de ello.

## Mentira: una vez adicto, para siempre adicto

La primera mentira es: una vez un adicto, siempre un adicto. Una vez que tengas un trastorno alimenticio, siempre tendrás un problema con la comida. Una vez que tengas un problema con el alcohol, una vez que tengas un problema de relaciones abusivas, una vez que tengas una compulsión para rescatar a otras personas, o lo que sea para ti, siempre tendrás un problema con esa cosa.

Así que, esa es la primer mentira. Tú *puedes* ir más allá de cualquier comportamiento adictivo o compulsivo que actualmente esté limitando tu vida. Puedes tener la vida que siempre has sabido, soñado y has tenido esperanza que pudieras tener. ¿Va a costar trabajo? Sí, lo tomará. Y si tu objetivo es trascender tu comportamiento adictivo o compulsivo, a veces puedes estar incómodo.

Uno de los errores que muchas personas cometen es juzgar que la incomodidad es mala o equivocada. Se les ha conducido a creer que su objetivo debería ser la comodidad. Eso está bien, si quieres mantener la vida que siempre has tenido. Pero si quieres algo más, debes saber que estar incómodo es a menudo una señal de que las cosas necesitan cambiar o que estás rompiendo con los viejos patrones y paradigmas. La incomodidad es una indicación de nuevas posibilidades y puede ser tu amiga, no algo que intentes evitar.

Otra falsedad relacionada con el punto de vista "una vez adicto, siempre un adicto" es la idea de que debes identificarte con tu comportamiento compulsivo o adictivo. ¿Has oído alguna vez a gente decir cosas como: "Hola, mi nombre es Sally y soy una adicta", "Soy Bob. Soy fumador", "Mi nombre es Susan y soy alcohólica"? Asumir tu comportamiento adictivo como una identidad te asegura que nunca la vas a superar. ¿Por qué? Cuando adoptas la identidad de ser adicto, tienes que participar en tu comportamiento adictivo o compulsivo, porque eso es lo que eres. Por ejemplo, si te identificas como un alcohólico, tienes que beber, porque eso es lo que haces. Eres alguien que bebe alcohol.

Por favor, deja de identificarte con tu adicción. Nunca digas, "Soy *esto*". Lo que podrías decir en su lugar, siempre y cuando el comportamiento adictivo o compulsivo es una gran parte de tu vida, es: "Actualmente estoy eligiendo participar en este comportamiento". Eso es todo lo que tu adicción es. Es un comportamiento. Y tú estás eligiendo participar en él. Entiendo que en este punto, puede parecer que no tienes elección. Por favor, tienes que saber que eso también lo puedes cambiar.

Yo también solía identificarme como una adicta. Más tarde me hice consciente de que beber era simplemente un comportamiento que había estado eligiendo para escapar de algunas cosas de las que no quería ser consciente. Recuerdo entrar a una reunión una vez, y en lugar de decir: "Hola, mi nombre es Marilyn y soy una alcohólica", dije, "Mi nombre es Marilyn y he sido adicta a la anticonsciencia y la inconsciencia, y ahora estoy tomando diferentes elecciones". Eso me dio un mucha libertad.

Aquí hay una herramienta que te iniciará en el camino a ver tu comportamiento adictivo o compulsivo como algo en lo que estás eligiendo participar, en lugar de algo que eres. Es un gran primer paso porque crea distancia entre *quién eres* y *lo que estás haciendo*.

## Herramienta: Ahora mismo estoy eligiendo participar en este comportamiento

Cada vez que te encuentras participando en el comportamiento que sabes que te está limitando, no te digas a ti mismo, "Oh, aquí voy otra vez. Yo soy un \_\_\_\_" y luego rellena el espacio en blanco con la palabra que utilizas para describirte a ti mismo como un adicto, ya sea *fumador, bebedor, drogadicto, jugador* o cualquier otra cosa.

En lugar de esto, di: "Bien, ahora mismo estoy eligiendo participar en fumar o beber (o lo que sea para ti). Todavía no tengo todas las herramientas e información que necesito para tomar diferentes elecciones, pero sé que voy a cambiar eso en algún momento si eso es lo que deseo hacer". Y serás capaz de hacer eso.

## Uso, abuso y adicción

Puedes tomar cualquier sustancia o comportamiento, digamos alcohol, y puedes *utilizarlo*, que sería: "Oh, sería bueno tomar una copa de vino con la cena". Lo estás eligiendo porque eres consciente de que sería placentero. No hay necesidad de tenerlo.

O puedes *abusar* de una determinada sustancia o comportamiento, que es donde estás consciente de que estás eligiendo esa cosa en particular para lidiar con una situación con la que no tienes ganas de tratar. No es compulsivo. Es "¡Uf, tuve un día tan duro! El maestro de mi hijo llamó porque se ha metido en problemas en la escuela otra vez. Sé que necesito sentarme y hablar con él, pero ¿sabes qué? Voy a tomar un par de bolas de helado para tranquilizarme, porque no puedo lidiar con esto ahora mismo y necesito algo para distraerme". Una de las claves de este tipo de abuso es que estás utilizando la sustancia (en este caso el helado) de una manera que no está destinado a ser utilizado de esa forma.

Entonces, hay una forma de *abuso* que es una transición entre el abuso y la adicción. Digamos que tienes dificultad con tu suegra, y tienes que ir a verla. Te dices a ti mismo, "Realmente no quiero ir a ver a mi suegra. Me pregunto qué más podría hacer. Creo que fumaré un porro antes de ir allí". Haces eso, y luego piensas, "Vaya, eso ayudó mucho". La próxima vez que tengas que ver a tu suegra o hacer algo más con lo que no quieres lidiar, recuerdas que fumar un porro ayudó, así que lo haces, y después de un tiempo vas automáticamente a "Creo que primero voy a fumar un porro".

Este es un ejemplo de cómo podemos crear la compulsión de una *adicción*. Comenzamos usando una sustancia o un comportamiento, lo que podríamos llamar abusar de él, como una manera de ayudarnos a hacernos cargo de algo con lo que no queremos lidiar, y decidimos que esa es la respuesta para lidiar con tales cosas. Y luego permitimos que se apodere y sea la única manera en que podamos obtener alivio en ese tema en particular. En lugar de confiar en nosotros mismos de estar presentes en una situación y hacer lo que sea apropiado, nos llenamos de una sustancia o comportamiento con la capacidad de hacer por nosotros lo que hemos decidido que no podemos hacer por nosotros mismos.

por Marilyn Maxwell Bradford

## Mentira: la adicción sólo sucede a una población pequeña, sucia y subterránea

Otro de los grandes mitos y mentiras sobre la adicción no se habla a menudo directamente. Es la idea, más o menos silenciosamente extendida por ahí, que la adicción sólo le sucede a una población pequeña, sucia y subterránea. Ya sabes, la persona que vive bajo el puente o el drogadicto que ha enloquecido. No es nadie que conozcas, y ciertamente no eres tú o yo. Son esas pocas personas abandonadas por ahí.

Una de las cosas que esta mentira hace es que la adicción sea tan tabú, sigilosa y vergonzosa que nadie quiere mirarla jamás. También crea una separación entre tú y *esa gente*. Es un universo de "nosotros contra ellos". Tienes que elegir pertenecer a un grupo o al otro, y eso corta la consciencia de lo que está sucediendo contigo y lo que podría ser posible. Si alguna vez empiezas a tener la idea de que podrías tener un problema con la adicción, rápidamente interrumpes ese pensamiento. Por ejemplo, puedes decirte a ti mismo: "Me siento compulsivo acerca de este comportamiento. No sé qué hacer". Pero no querrás considerar por un momento que podrías ser una de esas personas horribles, sucias y adictas, así que inmediatamente sacas ese pensamiento fuera de tu mente. Y eso impide que hagas cualquier cambio.

## Mentira: la adicción sólo se relaciona con algunas sustancias o comportamientos

La mayoría de las personas creen que las adicciones se limitan a cosas como el alcohol, las drogas, los cigarrillos, la comida, el juego y el sexo. Estas son las adicciones obvias. ¿Y si te dijera que la adicción puede tomar muchas formas que nunca supiste que podía tomar? Algunas de ellas serían cosas como juzgar, ser crítico, necesitar tener razón, juzgarse equivocado, averiguar cosas, sentirse menos-que, hacer los puntos de vista de otras personas más importantes que los tuyos, y tener que tener una respuesta a todo. La adicción puede aparecer en las relaciones. Puede aparecer con la comida y trastornos alimenticios, con el ejercicio, con patrones de gastar dinero o uso del internet. Lo que hace que una determinada sustancia o actividad sea una adicción no es el *blanco* de ésta: el alcohol, el tabaco, la droga o el comportamiento, sino *la forma en que la usamos*.

Las adicciones están vinculadas con un gran número de personas en todos los segmentos de la población. Algunas adicciones son consideradas malas, terribles y equivocadas por la sociedad en general, y algunas son consideradas positivas o incluso admirables. Si tienes adicción al trabajo, adicción al perfeccionismo, adicción a tener razón, adicción a verte bien o una adicción a hacer mucho dinero, podrías obtener mucho apoyo para eso de esta cultura. Ese apoyo podría sentirse muy bien. Pero permíteme alentarte a hacer dos preguntas aquí:

- Este comportamiento, este perfeccionismo o esta adicción al trabajo o lo que sea, ¿realmente me sirve bien?
- ¿Me ayuda este comportamiento a crear el tipo de vida que de verdad me gustaría tener?

Es posible que tengas un comportamiento adictivo o compulsivo que se vea bien en la sociedad o uno que no. Podrías tener una de las formas más sutiles de adicción. Ves gente con estas adicciones todos los días. ¿Alguna vez has conocido gente que es adicta al trauma y al drama? No pueden vivir su vida sin crear trauma-drama propio o participar en el de otra persona. ¿Qué lo hace una adicción? Es absolutamente compulsivo. Es lo que retoman habitualmente. Se convierte en un ajuste por defecto en su vida. Tal vez tienes un tío o un primo, o un amigo que *tiene* que juzgarte. Son adictos al juicio. Si no están juzgando, no saben qué hacer consigo mismos. La gente puede tener adicción a la lucha. Incluso pueden tener adicción a estar enfermos o ser una víctima.

Ahora, ¿por qué una cultura fomentaría o respaldaría cualquier tipo de comportamiento adictivo y compulsivo? Porque te hace controlable y predecible. Todos los comportamientos adictivos eliminan el poder de elegir. Sabiendo o sin saber, renuncias a ser el creador de tu vida y te conviertes en el efecto de un menú limitado de elecciones.

por Marilyn Maxwell Bradford

## Mentira: lo mejor que puedes esperar es manejar los síntomas de la adicción

Otra mentira es que lo mejor que puedes esperar es manejar los síntomas de tu adicción. Eso es lo que hacen los programas de tratamiento tradicionales. Te dicen que vas a tener que trabajar muy duro durante el resto de tu vida para manejar los síntomas de tu adicción porque eres un adicto y siempre lo serás. ¿Qué pasa si esta mentira se perpetúa porque la gente no tiene la información que necesita para ayudarte a llegar al núcleo de lo que realmente crea adicción?

El enfoque de La recuperación correcta para ti consiste en ayudarte a llegar a la causa raíz de lo que creó tu comportamiento adictivo o compulsivo para empezar, para que puedas eliminarlo permanentemente, no sólo para controlar los síntomas. Por favor, no te compres la idea de que lo mejor que puedes esperar es manejar los síntomas.

Manejar los síntomas de tu adicción es como tener un neumático pinchado de tu coche y que te hayan dado un sistema de parche que dura tres horas. Estás en un largo viaje, y cada tres horas tienes que salir y arreglar el neumático desinflado. Siempre estás obsesionado con eso. "Dos horas y 50 minutos han pasado. Tengo que salir y arreglar el neumático desinflado". Te enfrentas a una vida de arreglo del pinchazo cuando compras la mentira que lo mejor que puedes hacer es manejar los síntomas. ¡Puedes hacer mucho más que eso!

Una de las no verdades nacidas de la creencia de que lo mejor que puedes hacer es manejar los síntomas, es la idea de que la recuperación significa detener completamente el comportamiento adictivo o compulsivo. El enfoque de La recuperación correcta para ti no impone un objetivo predeterminado a las personas. Trabajo con los clientes para crear un objetivo adecuado para ellos, un objetivo que *ellos* eligen. Esa es nuestra medida de éxito. Para muchas personas, el "éxito" puede significar nunca más participar en lo que había sido un comportamiento adictivo o compulsivo, pero para otros, puede significar ser capaz de tomar unas copas o de fumar un cigarrillo de vez en cuando.

## Resultados de los programas de tratamiento tradicional

El enfoque tradicional para manejar la adicción a menudo es promovido por médicos, terapeutas, consejeros y el sistema judicial. ¿Alguna vez te has preguntado qué tan eficaz es realmente ese enfoque?

He encontrado que para muchas personas, a menudo no es muy exitoso. Si estás interesado en ver la tasa de éxito de los programas de tratamiento tradicionales, te animo a investigarlos en Internet. Google es una buena herramienta. Lo que descubrí es que el índice de éxito oscila entre cinco por ciento y doce o trece por ciento. Y lo que rara vez se considera o investiga es el número de personas que eligen abandonar de una manera no tradicional.

Si estuvieras enfermo, ¿aceptarías incondicionalmente el tratamiento por parte de un médico o un programa que tuviera una tasa de éxito de entre el cinco y el trece por ciento?

## Mentira: eres débil, egoísta, deshonesto, inmoral, pecaminoso, malvado, criminal y poco ético por tener esta adicción

En otras palabras, si tienes una adicción aparte de las socialmente aceptadas, estás muy, muy equivocado. El modelo más popular de tratamiento de adicciones te pide que te juzgues diariamente para ver si tu comportamiento ha sido egoísta, egocéntrico, deshonesto o basado en el miedo. Se te pide mirar continuamente dónde te equivocas.

He descubierto que muchas personas con comportamientos adictivos y compulsivos están lejos de ser egoístas. Son algunas de las personas más bondadosas y cariñosas que he conocido. Muchos de ellos preferirían tomar el veneno en la vida a que eso se muestre para alguien más. Esto también puede ser cierto para ti. Si es así, por favor, reconoce esta verdad sobre ti. No te compres la mentira de que estás equivocado, mal y débil y que has perpetrado cosas terribles sobre las personas que te rodean. Todo el mundo alrededor del "adicto" juega un papel en cualquier drama de la adicción y ellos también tienen elección.

Hace años trabajé como psicoterapeuta en un hospital psiquiátrico. Uno de los conceptos que empleamos para tratar a las personas fue el principio del "paciente identificado". La gente vendría al hospital y se nos diría que tenían depresión o alcoholismo, o esta o aquella condición. La familia de la persona estaría allí y dirían: "Oh, sí, Johnny tiene este problema. Ha sido una preocupación y una pena para todos nosotros. Ha causado tantos problemas. Ah-ha".

Siempre pensaríamos, "Hmm, OK, Johnny es el paciente identificado. Me pregunto qué está sucediendo *realmente* aquí. Me pregunto quién tiene realmente el problema". Y, mientras trabajábamos con la familia, a menudo encontrábamos que mientras todos hacían a Johnny equivocado y lo señalaban, Johnny no era realmente el problema. Cuando ahondamos en la dinámica de la familia más profundamente, descubrimos que el comportamiento adictivo de Johnny mantenía el sistema familiar en marcha. Si Johnny deja de ser el equivocado, el malo, entonces ¿adivina qué? Todos los demás tendrían que mirar *su* propio comportamiento, y en la mayoría de las familias con las que trabajábamos, nadie quería hacer eso. Es por eso que crearon a Johnny como el paciente identificado.

Una vez trabajé con una joven cuya familia estaba de acuerdo en que tenía problemas con el alcohol, y la veían como débil, egoísta e inmoral por tener su adicción. Después de que ella y yo trabajamos juntas por un tiempo, ella reveló que había sido abusada sexualmente durante un largo período de tiempo por un tío que era muy cercano a la familia. Me di cuenta de que la familia era, hasta un grado u otro, consciente de este abuso, pero nadie quiso hablar de ello. Nadie quiso abordar el hecho de que el tío había estado, y aún estaba, acercándose a esta joven mujer. Así que, en lugar de lidiar con eso, lo montaron de manera que *ella* era la que tenía el problema con la bebida. Una vez que mi cliente comenzó a darse cuenta de la verdad de eso, pudimos comenzar a cambiar las cosas, y ella finalmente pudo dejar de beber, que era su objetivo.

Muchas personas descubren que su adicción les permitió sobrevivir a situaciones abusivas hasta que pudieron conseguir algo de ayuda. Recientemente trabajé con una mujer que había venido de un pasado muy abusivo. Se estaba juzgando a sí misma duramente por beber grandes cantidades de alcohol todas las noches. Cuando le pregunté qué contribución había tenido el alcohol para ella, su respuesta fue inmediata. Dijo que beber era una cosa terrible, mala, horrible, asquerosa.

Le pregunté: "Si no hubieras tenido el alcohol, ¿cómo sería tu vida hoy?". Ella estalló en lágrimas y dijo: "Si no hubiera tenido alcohol para ayudarme a lidiar con el abuso, probablemente ya me habría suicidado". Una vez que pudo ver que el alcohol era la mejor manera que tenía en el momento para lidiar con el abuso, comenzó a hacer cambios que la llevaron a una relación diferente con el alcohol.

Trabajé con otra persona que dijo que su uso de drogas le había ayudado a no matarse a sí mismo o a otra persona, hasta que pudo entrar en un ambiente donde la ayuda era posible. Por lo tanto, por favor, no juzgues tu comportamiento adictivo. En lugar de esto, podrías hacer estas preguntas: "¿Era mi comportamiento adictivo el mejor mecanismo de afrontamiento que tenía hasta ese momento? ¿Y estoy listo ahora para hacer algunos cambios de verdad?".

Una de las cosas más desafortunadas y destructivas de la mentira de que estás equivocado, malo y débil es que ella juega papel en una adicción primaria que desarrollaste hace mucho, mucho tiempo. Lo que estoy diciendo aquí es que el objetivo actual de tu adicción fue precedido por una adicción primaria: la adicción a juzgarte, a ser erróneo y a sentirte abrumado por lo que viste como las insanias de esta realidad. Estás atado al objetivo actual de tu adicción por el dolor de creer que estás equivocado y que debes juzgarte a ti mismo.

La adicción primaria a juzgarse a sí mismo y a equivocarse se discute a mayor longitud en el capítulo tres. Quiero mencionarlo aquí, sin embargo, porque la mentira de que eres débil, egoísta, deshonesto, o lo que sea el juicio, contribuye a la dificultad continua de poner fin a cualquier comportamiento adictivo o compulsivo.

## Mentira: todo el mundo en tu vida en realidad quiere que acabes tu comportamiento adictivo o compulsivo

Una de las mentiras más grandes que hay es que todo el mundo en tu vida en realidad desea que dejes tu comportamiento adictivo o compulsivo. La verdad es que muchos no quieren. No lo hacen porque están acostumbrados a que estés en una posición de inferioridad. Están acostumbrados a que seas el "menos que una persona", e incluso si estás ocultando tu comportamiento adictivo, ellos captan que te estás juzgando como erróneo. Algunos están en realidad contentos de que tengas una adicción, incluso si es en gran parte inconsciente. Eso suena cruel y no es mi intención que sea así; es simplemente algo que he visto una y otra vez. Si estás identificado como el que tiene el problema, entonces las personas cercanas a ti no tienen que examinar su comportamiento.

Hay otro concepto que se usó en el hospital psiquiátrico donde trabajaba. Se llamaba cambio de vuelta, y a menudo lo veo cuando trabajo con personas que tienen adicciones. A medida que la persona comienza a alejarse de su comportamiento adictivo o compulsivo y hace la elección de mostrarse como quien él o ella es realmente, la familia o la pareja comienza a reaccionar de maneras extrañas. Pueden haber estado diciendo durante una década, "Sólo queremos que Mary mejore". Entonces, tan pronto como Mary comienza a alejarse de su comportamiento adictivo y ya no puede ser clasificada como la equivocada o la mala que todo el mundo necesita menospreciar, ayudar, o gastar tiempo y energía en ella, la familia encuentra formas sutiles o no tan sutiles de animar a Mary a volver a su comportamiento adictivo o compulsivo. ¿Por qué? Porque en realidad no quieren que ella cambie.

Lo experimenté yo misma. Mi primer marido a menudo expresó preocupación de que yo estaba bebiendo demasiado. Con frecuencia me dijo que yo necesitaba ayuda y habló sobre las maneras en las que mi comportamiento estaba perjudicando nuestro matrimonio. Después de un tiempo, empecé a creerle y empecé a hacer esfuerzos para beber menos. Noté dos cosas: una, fui moderadamente exitosa, aunque no tan exitosa como esperaba, en beber menos; y dos, entre menos bebía, él decía más cosas como "Puedo ver que estás realmente estresada. (Trabajaba en su oficina.) ¿Por qué no vas a casa ahora y abres una botella de champán?". ¡Esto era muy confuso! Me llevó un tiempo ver que en realidad él necesitaba que yo dependiera del alcohol. Él era consciente, hasta cierto punto, que una vez que fuera más de mí, una vez que tuviera un vistazo de lo que podría ser capaz, ya no estaría satisfecha con nuestra pequeña vida y con mi posición de "menos que". ¡Tenía razón!

Si tienes una o dos personas en tu vida que de verdad desean empoderarte, y eso es de lo que se debería tratar, considérate con suerte y recibe de ellos. Y que sepas que también puede haber personas que parecen preocuparse por ti y que digan que les gustaría que terminaras con tu comportamiento adictivo o compulsivo, sin embargo, preferirían que no lo estropees todo.

Estoy sacando esta mentira, no como algo deprimente, sino como algo a tener en cuenta. Una vez que empieces a ser más tú, puedes hacer que la gente cerca de ti se sienta incómoda. Todo está interconectado, por lo que cuando una parte del sistema cambia, y ese eres tú, la otra parte tiene que cambiar y ajustarse, esos son ellos. Es posible que no deseen hacer eso, y puede que te digan con palabras o enérgicamente, "Espera un momento. Acabas de salir de tu caja. Cuando estés en esa caja, sé quién eres. Puedo controlarte. Eres predecible. No tengo que preocuparme de que te muestres como alguien más."

¿Estás de verdad dispuesto a quedarte en tu caja? ¿O te gustaría algo más grande para tu vida? Supongo que no estarías leyendo este libro si no quisieras realmente tener algo más grande.

## Mentira: eres impotente en cuanto a tu adicción

Esta mentira ha salido de la experiencia de muchas personas con intentar no participar en su comportamiento adictivo de elección: no tomar una copa, no fumar un cigarrillo o no emparejarse con otro hombre o mujer abusivo. En primera instancia puede parecer que tiene sentido, pero vamos a considerarlo desde un punto de una vista diferente.

Si estoy parado justo frente a una pared de ladrillos, y realmente quiero pasar a través de él, pero no tengo herramientas, me voy a sentir impotente. Estaré pensando: "¡No puedo atravesar esta pared de ladrillos! ¡Ayuda! ¡No hay manera de pasar!".

Ahora supongamos que alguien viene y me ofrece información. Y diga: "Oye, Marilyn, ¿qué pasa si retrocedes de la pared? ¿Qué es lo que ves?".

Retrocediendo, puedo ver que la pared tiene sólo cinco pies de largo y puedo ir alrededor de ella, o veo que mientras que es de dos metros y algo de altura, alguien me ha dado una escalera y puedo ir encima de ella. No soy realmente impotente en absoluto; simplemente no tenía una perspectiva real sobre la situación o las herramientas para tratar con ella.

Este es también el caso de cualquier comportamiento adictivo o compulsivo. Puede parecer que eres impotente en el momento, pero a medida que cambias tu perspectiva y empiezas a utilizar las herramientas y la información en este libro, encontrarás que el comportamiento adictivo no es lo que pensaste que era, ni es tan formidable como has sido conducido a creer.

La gran dificultad con lo de comprarse la mentira de que no tienes poder en cuanto a tu adicción es que te pone en la posición de ser el efecto en la vida en lugar del creador de tu vida. Te despoja de tu poder. Esta mentira te pone en la posición de necesitar a un experto, un dogma, una respuesta, o un programa que se te impone para que tengas cualquier manera para lidiar con tu comportamiento adictivo o compulsivo.

Podrías hacerte estas preguntas:

- Si he comprado la mentira de que soy impotente sobre mi comportamiento adictivo o compulsivo, ¿dónde más he comprado la mentira de impotencia?
- ¿Soy realmente impotente o simplemente me falta información y herramientas buenas y viables?

¿Te has encontrado a menudo buscando el siguiente programa, libro o experto "correcto" que tendrá *la* respuesta a todas las cosas sobre ti y tu vida donde has decidido que no tienes poder en cuanto a ellas y no las puedes cambiar? ¿Qué tal si pudieras elegir entre una serie de herramientas e información que te permitiera cambiar cualquier parte de tu vida que desearas cambiar? ¿Qué tal si pudieras personalizar el material para ti en lugar de comprar, tragar el anzuelo por completo, el dogma de otra persona? Por favor, ten mucho cuidado en cualquier momento en que decidas que no tienes poder sobre nada. Si te encuentras haciendo eso, hazte las preguntas anteriores.

La idea de que no tienes poder sobre tu adicción conduce a la siguiente mentira.

## Mentira: sólo alguien o algo fuera de ti puede terminar con tu adicción

¿Por qué tendemos a mirar fuera de nosotros mismos para obtener respuestas? Bueno, ¿no es eso lo que nos han enseñado a hacer toda nuestra vida? Tenemos que hacer lo que mamá y papá dicen porque ellos "saben mejor". Tenemos que creer todo lo que nuestros maestros, líderes religiosos, médicos, políticos y ancianos nos dicen porque son los expertos y no es posible saber más que ellos. Ese es el comienzo de la mentira de depender de alguien o algo fuera de ti para terminar con tu adicción. La verdad es que no es que no tengas el poder; es que nunca nadie te ha ayudado a desarrollarlo.

Así está la cosa: Si compras una mentira y tratas de hacerla verdad, no sólo estás condenado al fracaso, también creas ansiedad en tu vida porque parte de ti sabe, en algún lugar, que eso es una mentira. Es como perder tu llave y saber, hasta un cierto punto, que está dentro de la casa, pero los expertos te dicen que la gente pierde sus llaves sólo fuera de su casa. Entonces, ¿qué haces? Pasas todo el tiempo buscándola en tu césped, aunque sepas que la perdiste en algún lugar dentro de tu casa.

¿No has sabido siempre, a pesar de que no sentías que podías confiar en tu conocimiento, que tú eras la persona con las respuestas que necesitabas? Sabes más de ti que nadie en el mundo. ¿Qué tal si empezaras a confiar en tu saber ahora?

Puede que estés diciendo, "No puedo confiar en mi saber. He estado equivocado toda mi vida". En realidad, hubo un tiempo en el que te permitías saber lo que sabías. Cuando eras un bebé, sabías lo que necesitabas. Llorabas cuando necesitabas comida, cuando querías que te tomaran en brazos o cuando necesitabas que te cambiaran el pañal. La dificultad es que a medida que creciste, no te reconocieron. Tus necesidades fueron disminuidas o te hicieron sentir que tu saber era erróneo, y decidiste que no podías saber lo que sabías. Puedes recuperar esta capacidad. Puede tomar algo de práctica, pero a medida que empieces a confiar en ti mismo para saber lo que sabes, te encontrarás más cómodo en esa toma de consciencia.

## Mentira: la adicción es una enfermedad

Echemos un vistazo a otra mentira sobre la adicción, la mentira de que la adicción es una enfermedad. ¿Es una enfermedad? ¿Es la adicción una enfermedad como el cáncer o la malaria?

La afirmación de que la adicción es una enfermedad ¿te ha sonado siempre chistosa? Cuando la escuché por primera vez, me pregunté por qué alguien llegaría a esa conclusión. Entonces me di cuenta de que gran parte de la cultura médica y de tratamientos tenían intereses personales en que la adicción fuera una enfermedad. De hecho, la mayoría de los tratamientos para las adicciones son financiados por los estados, gobiernos locales y aseguradoras de salud públicas y privadas por el valor de miles de millones de dólares al año. Si la adicción no se consideraba una enfermedad, estos grupos no pagarían por programas de tratamiento de medicamentos individuales, programas de recuperación ambulatoria o estancias hospitalarias. La adicción tiene que ser una enfermedad para todos en el negocio para hacer toneladas de dinero. No estoy tratando de juzgar a esta gente como equivocada. Pueden ser personas de muy buen corazón y cuidadosas que necesitan ganarse la vida. Así que, consciente o inconscientemente, apoyan la idea de que la adicción es una enfermedad.

Pero la adicción no es una enfermedad. No estás enfermo. La adicción es un patrón arraigado de evasión y/o escape de una vida que parece ser demasiado abrumadora, confusa y dolorosa. Es un lugar donde la gente va a no existir, a no experimentar el dolor del autojuicio y a evitar la sensación de ser inherentemente equivocada.

Si ves la adicción de esta manera, entenderás que tienes la libertad de cambiarla. Serás capaz de tener una idea de cómo creaste tu adicción en primer lugar, y de cómo terminaste en esta situación desconcertante, de aparente no elección.

Una de las cosas que me molesta de ver a la adicción de ser nombrada como enfermedad es que pone a todo el mundo con una adicción en una posición de víctima, porque según nuestra cultura, si tienes una enfermedad, hay poco o prácticamente nada que puedas hacer al respecto. Es algo que sólo te pasa a ti. Entonces tienes que ir a ver a un experto, el médico, que te "curará". Básicamente, el modelo de enfermedad está diciendo: "No sabes lo que estás haciendo. Tienes que venir a nosotros, los expertos, y te daremos la respuesta".

El único experto en todo esto eres tú. Eres el experto en ti. ¿Significa eso que no escuchas a nadie más? No. Puedes carecer de información. Por ejemplo, cuando tengo dificultades con un computadora, voy a un experto en computadoras. ¿Por qué? No porque necesite a alguien para que dirija mi vida, sino porque un experto en computación tiene información y puede mostrarme herramientas que me ayuden a operar mi computadora. Busco a alguien que no está tratando de mangonearme o mostrarme cómo me equivoco. Busco a alguien que dirá: "Oye, tengo un montón de información y herramientas en esta área. Déjame mostrarte lo que tengo para que puedas usar lo que va a funcionar para ti".

Por eso he escrito *La recuperación correcta para ti*. Me encantaría verte empoderado para que puedas cambiar cualquier cosa en tu vida que te gustaría cambiar, y eso incluye cualquier comportamiento adictivo o compulsivo que te detenga, te limite o te impida ser el verdadero regalo que eres.

## Algunas cosas que puedes hacer cuando te sientes atraído a participar en tu comportamiento adictivo o compulsivo

### Haz una pausa, hazte algunas preguntas

Cuando te encuentras experimentando lo que se llama un antojo de participar en tu comportamiento adictivo o compulsivo, aquí tienes algunas preguntas que puedes hacer. Es útil que escribas tus respuestas.

- ¿Qué evento ocurrió justo antes de mi deseo de participar en mi comportamiento adictivo o compulsivo?
- ¿Cuál fue mi reacción a ese evento?
- (Ejemplo: Mi esposo/esposa me llamó idiota y fui a lo erróneo de mí.)
- ¿Qué pensamientos tuve?
- ¿Qué sentimientos tuve?
- ¿De qué estaba siendo consciente que no quería ser consciente?
- (Ejemplo: Que estaba de vuelta en mi viejo patrón. Estaba haciendo la opinión de mi esposo/esposa sobre mí más grande de lo que sé que es verdad.)
- ¿Qué acción podría haber tomado que podría haber interrumpido este patrón?

Cuando haces una pausa y escribes tus respuestas, estás interrumpiendo el comportamiento, que es de lo que se trata con estas herramientas iniciales.

## Pospón el comportamiento

Otra cosa que se puede hacer para interrumpir el comportamiento es posponerlo, incluso si es sólo por veinte minutos. Di para a ti mismo: "Voy a darme permiso para participar en mi comportamiento adictivo o compulsivo, pero primero voy a tomar un descanso de veinte minutos. Si todavía deseo hacerlo después de veinte minutos, lo haré".

Si decides participar en el comportamiento después de veinte minutos, hazte el regalo de no juzgarte.

Cuando pospongas el comportamiento durante veinte minutos o más, verás que realmente tienes algo de elección. Puedes elegir si deseas participar en él, o no. Al principio, es posible que no sientas que tienes una elección completa, pero me gustaría que entiendas que tienes algo de elección, o no serías capaz de posponerlo en absoluto.

## Haz algunas preguntas más

Siéntate y di para ti mismo: "Bien, puede que participe en mi comportamiento dentro de veinte minutos. Antes de hacer eso, voy a hacerme algunas preguntas y anotar las respuestas".

- ¿Qué he decidido que pasaría si no participo en el comportamiento en este momento?
- ¿He hecho las consecuencias de no participar en el comportamiento más grandes o más poderosas que yo?
- En una escala de 1-10, ¿qué tan estresante es la idea de no participar en el comportamiento?
- ¿Podría, en realidad, tolerar las consecuencias de no participar en el comportamiento con más facilidad de lo que pensaba?
- ¿Qué toma de consciencia estoy tratando de evitar aquí, participando en el comportamiento adictivo o compulsivo?

- ¿Cómo sería si estuviera dispuesto a tener esa conciencia?
- Si no tuviera antecedentes con este comportamiento, ¿cómo me relacionaría con él?
- ¿Cuánto de lo que estoy haciendo con mi comportamiento adictivo o compulsivo se refiere al pasado y a todo lo que he decidido que el pasado es, o no es?

El pasado no tiene que dictar lo que es tu vida hoy. Puedes elegir algo diferente.

## Si decides participar en tu comportamiento adictivo o compulsivo, hazlo con consciencia

Permítete tomar consciencia con cada inhalación de un cigarrillo, con cada bocado de pastel, o con cada sorbo de alcohol. Pregúntate: "Bien, he tenido esto. ¿Deseo más realmente?". Tomar consciencia del comportamiento en el que estás eligiendo participar crea un espacio donde el comportamiento se vuelve menos compulsivo para ti.

Estas preguntas y ejercicios son simplemente sugerencias. Elige los que funcionen para ti. Te ayudarán a ser más consciente de lo que está sucediendo con tu comportamiento adictivo.

Por favor, recuerda anotar tus respuestas a las preguntas. Vas a obtener una gran cantidad de información asombrosa cada vez que haces esto. Y vas a empezar a ver que tienes alguna opción y que puedes (en al menos algún grado en este punto de tu recuperación) separarte de tu comportamiento adictivo o compulsivo, lo que te permitirá verlo desde una perspectiva diferente.

# 2

# El antídoto para la adicción

*Cuanto más tienes de ti, cuanto más te adentras a ser quien de verdad eres, menos comportamientos adictivos y compulsivos pueden existir.*

Una adicción es como veneno para tu ser en el sentido de que cada vez que te vinculas con ella, ella disminuye o niega tu capacidad de estar presente, espontáneo, alegre y productivo; en otras palabras, ella disminuye o niega tu capacidad de ser quien de verdad eres.

Muchas personas han comprado la idea de que el antídoto para la adicción se refiere a mirar fuera de sí mismos para algún tipo de remedio, respuesta, o un programa de talla única. O pueden creer que se trata de luchar contra la adicción, juzgándose a sí mismos como equivocados por vincularse con ella, o intentando controlar su comportamiento. Pero eso no es todo. El antídoto para la adicción es más fundamental y potente que cualquiera de esas cosas. Se trata de reclamar todas las partes de ti mismo que has repudiado, dejado ir o reprimido. Tú, siendo *tú*, eres el antídoto real para la adicción. Esto no significa que no puedas necesitar ayuda inicial en el proceso de recuperación, descubrimiento y creación de ti mismo. Lo que sí significa es que al final, puedes tener y ser todo lo que se requiere para llegar a un lugar de elección con tu comportamiento adictivo o compulsivo.

Tomemos un ejemplo de esto, usando tu cuerpo. Digamos que tuviste algún tipo de accidente, y que tus brazos y piernas se rompieron. Y digamos que por alguna extraña razón, rompiste tus propios brazos y piernas a propósito, tal vez porque te hizo menos poderoso y podrías encajar mejor. Si creaste esa situación, necesitarías ayuda por un tiempo. Pero al final, ya no necesitarías la ayuda porque habrías sanado y restaurado tu poder. Le dirías a la ayuda, "Adiós, no te necesito más, sayonara, bye-bye", y serías el capitán de tu propio barco otra vez.

Si, por otro lado, decidiste que estabas tan equivocado y débil que tenías que vivir con los brazos y piernas rotos el resto de tu vida, necesitarías ayuda externa para siempre. Nunca recuperarías el poder y la potencia que de verdad eres, porque te estarías comprando la mentira de que tus piernas y brazos rotos y todas las formas en las que te habías discapacitado eran permanentes. Siempre requerirías una sensación externa de poder. Incluso podrías haber decidido que esa era la manera que se suponía de ser.

Este ejemplo tiene enormes implicaciones para la adicción, porque la verdad es que te *haz* discapacitado a ti mismo. Si tienes un comportamiento adictivo o compulsivo, te haz incapacitado a ti mismo al negar muchos de tus talentos y habilidades, al disminuir el poder que tienes, o al cortar todas las partes de ti que fueron consideradas inaceptables por padres, familiares, maestros y otras figuras de autoridad en tu vida.

Todos nacemos con diferentes temperamentos, talentos y habilidades, pero si tu familia y la gente que te rodea no valoraron esas cualidades, es posible que hayas sentido que necesitabas cortarlas para que fueras aceptable. Tal vez eras curioso y listo e hiciste muchas preguntas, pero tu familia no valoró lo de ser listo. Tus preguntas hicieron que la gente se sintiera incómoda, así que apagaste esa parte de ti mismo.

Tal vez eras atlético o muy activo. Podías hacer seis o siete cosas a la vez, y te encantaba, pero la gente te dijo que tenías demasiada energía y que necesitabas calmarte y controlarte. O quizás eras artista o no convencional, y esa no era la forma en que se suponía que tenías que ser en tu familia. Se esperaba que sentaras cabeza y consiguieras un trabajo bien remunerado o que llevaras el negocio familiar, por lo que apartaste tus habilidades o tus maravillosas ideas salvajes, y te olvidaste de ellas.

O quizás habías sido sensible y consciente, y te dijeron, "Eres simplemente demasiado sensible". Captabas cosas de las que nadie quería hablar. Dijiste, "Mamá, el tío Billy se siente raro", y se te dijo, "Es familia nuestra. No se te permite decir cosas como esas". O tal vez alguien estaba siendo malvado contigo, pero si dijiste algo y la respuesta fue "Eres un llorón". Tuviste la idea de que nadie quería escuchar, así que dejaste de hablar.

Muchos niños también sienten la necesidad de disminuirse a sí mismos porque se les dice que tienen la responsabilidad de pensar en todos los demás primero. Hablé con un amigo que me dijo que cuando era niño, lo primero que hacía cuando se despertaba por la mañana era tratar de averiguar lo que su mamá y su padre necesitaban, lo que su abuela necesitaba y lo que su profesor necesitaba. Se puso tan abajo en la lista, que rara vez llegaba a lo que *él* necesitaba. ¿Fue eso verdad para ti? ¿Se esperaba de ti poner las necesidades de todos los demás delante de las tuyas? Esa fue otra manera de disminuirte porque nadie reconocía que tenías el derecho de tener tus propias necesidades y deseos. Y más que eso, debido a que aprendiste a no mostrar tus necesidades, quizás no estés en contacto con lo que realmente son, hasta el punto en que se hace más fácil averiguar lo que todos los demás necesitan que estar al tanto de lo que tú necesitas.

## El proceso de disminuirte a ti mismo

Si has tenido experiencias como estas, quizás has concluido que quien eres no es aceptable, y quizás has abandonado tu hermosa exuberancia y alegría, tu inteligencia, talentos, intereses e inclinaciones. A esto lo llamo el proceso de cortar las partes y pedazos de ti. Este proceso comienza muy temprano en nuestras vidas.

¿Puedes ver cómo el desconectar que tus habilidades e intereses innatos e ignorar tus necesidades te hace como la persona con los brazos y las piernas rotos? Excepto en este caso, puede que ni siquiera sepas que esas partes de ti se han ido. Puedes tener un vago recuerdo de ellos, pero no te das cuenta de que sólo estás operando de diez a veinte por ciento de lo que realmente es. Lo asombroso es, apuesto a que probablemente funcionas bien con ese de diez a veinte por ciento. Imagina por un instante lo bien que funcionarías si estuvieras operando incluso al 50 por ciento de ti. ¿Qué tal 75 por ciento? ¿Estarías dispuesto a tener eso? ¿Estarías dispuesto a tener un cien por ciento de ti? Cuanto más te adentras a lo que de verdad eres, más la adicción se convierte en un punto cuestionable.

Tú eres el antídoto para la adicción, porque cuando estás dispuesto a tener todo de ti, no tienes que luchar contra tu adicción; simplemente se desvanece. No hay razón para tenerla. O como uno de mis clientes dijo, "Sabes Marilyn, no he pensado en tomar drogas durante semanas. Me estoy divirtiendo tanto conmigo de vuelta que me olvidé".

Eso es lo que me gustaría para ti. Me gustaría que *te* recuperes y te sientas tan poderoso en tu ser que simplemente te olvides de tu comportamiento adictivo o compulsivo. Me gustaría que supieras que sólo por ser tú, tu adicción puede volverse irrelevante. No habrá ninguna razón para hablar de ello más tiempo, no cuando estás presente, no cuando estás dispuesto a ser consciente, no cuando estás viviendo la vida que deseas como opuesta a la vida que te han dicho que es la única adecuada para ti.

## "Eso simplemente no parece posible"

En este momento, puedes estar diciendo "Eso simplemente no parece posible. O puedes estar pensando, "Marilyn has estado hablando de paradigmas, programas de tratamiento tradicional, que yo me convierta en más de mí, y de saber lo que sé. Está todo bien pero ¿y mi adicción? Me siento un poco asustado, como si tuviera que luchar de frente contra ella ahora mismo; de lo contrario, nada cambiará nunca para mí".

He oído esto de muchos clientes. Me gustaría pedirte que eches una mirada a lo que sucede cuando enfocas fuertemente tu atención en algo y comienzas a pelear con ello. Digamos que te duele el diente. Sigues pasando la lengua sobre él y cada vez que haces eso, piensas, "Ay, esto realmente duele". Cuanto más te enfocas en tu diente, más duele. Funciona de la misma manera con el comportamiento adictivo o compulsivo. Cuanto más te concentras en él con una energía cargada, más poderosa parece volverse.

¿Y alguna vez te has dado cuenta de lo que sucede cuando tu hijo, un socio o un compañero de trabajo busca pelear contigo, y tú saltas y respondes? Si eres como yo solía ser, quizás piensas que esto va a lograr algo positivo, pero al final, sólo fortalece la relación negativa entre tú y la otra persona y deja los problemas sin resolver. Lo mismo es cierto con la lucha contra tu adicción. Si luchas contra tu adicción, todo lo que logras es juzgarte duramente y fortalecer tu vínculo con el comportamiento adictivo que a su vez lleva a más dolor por estar equivocado y a un mayor deseo de escapar en la adicción.

## Cambiando la energía que eres

**Estoy sugiriendo un enfoque que no se refiere a centrarte en la adicción o luchar contra ella. Al adentrarte en ser más tú, cambias la energía que eres. Haciendo eso, cambiar la energía que eres, te permite alejarte de tu comportamiento adictivo o compulsivo porque la adicción sólo puede existir con una energía que sea vibracionalmente compatible. Déjame ayudar a aportar claridad a esto pidiéndote que hagas un pequeño ejercicio.**

**Ahora mismo, imagínate participando en tu comportamiento adictivo o compulsivo. Sumérgete de verdad en cómo se siente eso. ¿Puedes conseguir la sensación de la energía de esto? Sostén eso por un momento y luego imagínate una situación que es bastante neutral. Puede ser sentado y viendo la tele, desayunando o entrando en tu coche. Siente la energía de eso.**

**Ahora recuerda una ocasión en la que te sentías alegre y feliz de estar vivo. Siente la energía de eso. Sumérgete de verdad en esa energía y permanece**

allí por unos instantes. ¿Te has aligerado del todo? ¿Hay una sonrisa en tu cara? ¿Puedes sentir tu cuerpo relajándose? Esa es la energía que te permite salir de tu comportamiento adictivo y crear nuevas posibilidades. Lo que me gustaría que entiendas aquí es que puedes tomar la elección de cambiar la energía que estás siendo y a través de esa elección alterar tu relación con tu comportamiento adictivo o compulsivo. Elegir cambiar la energía es un componente enorme para acabar con la adicción. Cambia tu energía, y la adicción ya no puede existir.

## Cambiando la energía densa y contraída de la adicción

Cuando las personas buscan cambiar un comportamiento adictivo o compulsivo, a veces piensan que necesitan tener una experiencia intensa para poder hacer el cambio. Están en busca de algo que coincida con la densidad y la intensidad de su adicción. Por ejemplo, conozco a personas que han dicho cosas como: "Acabo de ir a una terapeuta corporal y ella hizo algo tan intenso. Sé que eso me va a ayudar con mi adicción".

Lo que veo es que la terapeuta corporal igualó la intensidad y la densidad del comportamiento adictivo de la persona; ella no facilitó al cliente a cambiar su energía. Esta terapeuta corporal no va a hacer nada por el cliente porque no aborda la energía del cliente en absoluto. De alguna manera, ese tipo de experiencia mantiene el comportamiento adictivo más arraigado. He aquí un ejemplo de lo que quiero decir: si tienes una adicción al trauma-drama, vas a seguir creando trauma-drama en tu vida. Podrías ser una de esas personas que preguntan: "¿Cómo es que todas estas cosas malas siempre me pasan a mí?". Bueno, si eres la energía de trauma-drama, vas a crear más trauma-drama. Tienes que convertirte en una energía diferente, una energía de facilidad, con el fin de cambiar la situación. Si haces un trabajo de cuerpo intenso y quizás doloroso para ayudarte a acabar con tu adicción al trauma-drama, podrías pensar que estás haciendo algo que te ayudará a dejar de crearlo, pero en realidad, estás bloqueando más trauma-drama en tu cuerpo.

Parte del antídoto para la adicción, para que seas el antídoto para la adicción es cambiar la energía densa y contraída de tu adicción a una energía más ligera y expansiva. Eso es la toma de consciencia. Es estar presente con lo que es. Es estar en la ligereza y la expansión de esa expresión.

Sé que suena contrario a toda lógica, porque pensamos: "Tengo que ser fuerte, intenso y poderoso para superar mi adicción. Eso es lo que sería necesario para ganarle". Y eso simplemente no es para nada verdad. Cuanto más tienes de ti, cuanto más ligero, expandido y consciente eres, menos pueden existir los comportamientos adictivos y compulsivos. No pueden existir porque esos comportamientos se caracterizan por una densidad y una contracción que depende de no ser tú. Esa energía densa no puede coexistir con la expansión que creas cuando estás siendo quien de verdad eres.

Cuanto más te adentras a ser tú, más redescubres y recuperas los muchos talentos, habilidades y facetas de ti que has cortado o repudiado. He visto a cantidad de personas hacerlo. Sí, lleva tiempo. Pero puedes comenzar a restaurar el poder de ti hoy. Y eso es en lo que vamos a empezar a trabajar.

A veces la gente me dice, "Bueno, lo que estás diciendo está bien, pero ya hice ese trabajo en terapia".

He sido psicoterapeuta durante muchos años, y ya hago muy poco de eso porque en mi experiencia, la terapia no suele ayudar a la gente a convertirse en lo que de verdad son; en lugar de eso, tiende a ayudarles a hacer un mejor ajuste a las exigencias de su familia, cultura y comunidad. Ya sea sobre un trabajo, una relación o algún tipo de autoexpresión, la terapia generalmente está diseñada para ayudarte a encontrar tu lugar apropiado en la sociedad. La salud mental a menudo se mide por la disposición de una persona a cambiar y adaptarse a lo que se ha decidido que son comportamientos, responsabilidades y roles apropiados. Hay un acuerdo no hablado de que el cliente debe ser ayudado a ver cómo él o ella puede encajar mejor en los paradigmas aceptados. Si eso requiere que te divorcies de las partes de ti que no encajan, se considera un sacrificio aceptable y necesario de tu parte para el bien del todo. Si no haces eso, eres considerado egoísta. La gente a menudo se aparta de la terapia diciendo cosas como: "Bueno, así es como es. Eso es la realidad. Tengo que ajustarme. Eso es sólo la vida en los términos de la vida". En realidad, ¡no tienes que ajustarte! Puedes elegir hacerlo si suma a tu vida, pero no tienes que hacerlo. Tienes otras elecciones.

Echemos un vistazo a algunos de los otros factores que influyen y apoyan el proceso de disminuirte.

## Ir a la escuela

¿Qué tal fue la escuela para ti? ¿Fue ir a la escuela otra experiencia de no encajar? No somos seres lineales, pero estamos hechos para creer que debemos vivir de una manera lineal, en fila, cincuenta minutos de matemáticas, cincuenta minutos de inglés, cincuenta minutos de estudios sociales. Ahora salir al patio de recreo y divertirse durante cincuenta minutos.

¿Funcionó eso para ti? No funcionó para mí y apuesto a que tampoco funcionó para ti, no en realidad.

¿Va tu mente de la A a la B, a la C? ¿O va de la A a la M y de vuelta a la B? ¿Y si esa es la forma en que funciona una mente altamente creativa? ¿Apagaste todo eso en un intento de ser lineal porque eso era lo que se requería? ¿Y cómo te gustó sentarte en esas filas de escritorios y estar en línea y estar quieto mientras esperabas la comida del mediodía? ¿Fue divertido para ti o te obligó a apagarte a ti mismo para cumplir?

Otra forma en que las escuelas amortiguan la curiosidad natural y la creatividad de los estudiantes es esperar que todos tengan la misma respuesta (correcta). "¿Qué tiene eso de malo?", podrías preguntar. "¿No es por eso por lo que vamos a la escuela, para aprender las respuestas?" Si te fijas en lo que hace una respuesta verás que también requiere que apagues la energía. Es el fin de la exploración de lo que podría ser posible.

Digamos que se esperaba que tuvieras una respuesta a la pregunta: "¿Cuáles fueron las causas de la guerra civil de Estados Unidos?" y se te dio una lista de cinco cosas para memorizar. Tú dirías, "Oh, bien, puedo memorizar esas cinco cosas y ponerlas en el exámen". Pero si crees que la complejidad de la respuesta son esas cinco cosas, nunca preguntas: "¿Qué otra cosa podría haber sido? ¿Qué es lo que no estamos viendo aquí?". Apagas tu mente inquisitiva a favor de una lista de cinco respuestas del profesor que pueden ser inexactos o incompletos.

Eso es lo que la escuela, con su enfoque en las respuestas, hace a los estudiantes. A menos que tuvieras una experiencia muy diferente de la mayoría de la gente, la escuela desactivó la parte inquisitiva y curiosa de ti, la parte interrogativa de ti. Y la parte de ti de hacer preguntas es un gran factor en lo que te ayuda a ser el antídoto para la adicción. Eso es porque las preguntas te permiten mirar más allá de lo que parece ser cierto como la única opción. Te permiten ver otras posibilidades.

Vamos a seguir con esto sólo un poco más. ¿Te juzgaron como incorrecto por hacer múltiples tareas al mismo tiempo en la escuela? Muchos niños tienen demasiada energía para sentarse quietos y hacer una cosa aburrida a la vez. ¿Fue eso verdad para ti? ¿Fuiste etiquetado, criticado o incluso medicado porque tu inclinación natural era hacer muchas cosas diferentes a la vez?

Muchos niños enfrentados con la presión de encajar eligen apagar su energía y adoptar el papel de la niña o niño bueno – o de lo contrario eligen convertirse en el rebelde. Ninguno de los dos roles permite que el verdadero yo se muestre, porque ambos papeles son conjuntos de reacciones predeterminadas. Así que, ya sea que estuvieras siendo un buen chico o chica, o el rebelde, aún no se trata de tú seas tú. Ser *tú* está fuera de cualquier sistema o determinado papel adoptado. Ser tú no es sobre resistir y reaccionar a algo, ni es alinearse y estar de acuerdo con ello. Es simplemente lo que es verdad para ti. Y una vez más, eso se remonta a que tú sepas lo que sabes.

¿Y no era eso otra cosa inaceptable en la escuela? ¿No se te permitía saber lo que sabías? Estabas obligado a mostrar tu trabajo. Digamos que estabas haciendo una prueba de matemáticas de elección múltiple. Las respuestas fueron: a) 3 ¼, b) 9 ¾, c) 7 ½, d) 5. Los miraste y dijiste: "¡Oh! ¡Es 9 ¾!".

¿Te pregunto el maestro, "¿Cómo conseguiste la respuesta a ese problema matemático?".

Dijiste, "No lo sé. Simplemente lo conseguí."

Si no pudieras probar tu conocimiento de una manera lineal, tu respuesta no era aceptable. El maestro decía: "Bueno, si no puedes probar tu trabajo, debes haber estado haciendo trampa o copiando". Sabías secretamente lo que sabías, pero también te diste cuenta de que no se te permitía simplemente "saber cosas" ¿así que intentaste hacerlo a su manera?

Este tipo de experiencia disminuye el saber innato que todos tenemos. ¿Alguna vez has estado conduciendo en la autopista y simplemente sabías que tenías que tomar una salida determinada, a pesar de que tus instrucciones te decían que te desviaras dos salidas más tarde? Luego te enteraste de que habías evitado un gran atasco de tráfico debido a la construcción de carreteras o a un gran accidente. Si alguien te hubiera preguntado, "¿Por qué estás saliendo por aquí?", no habrías podido explicarlo. Simplemente supiste de hacerlo. Eso es lo que es el saber. No es lógico y no es algo aceptable o reconocido por muchas personas, especialmente en la escuela.

## Siendo quien "se supone" que eres

A medida que creciste, ¿trataste de discernir lo que la sociedad había decidido que era un adulto exitoso? ¿Cuánta información había por ahí diciéndote lo que eso significaba?

¿Recibiste el mensaje, "Sabes que tienes éxito si ganas mucho dinero, tienes 2.2 niños, vives en una casa con una cerca de madera blanca y vas a las reuniones de padres"? ¿Fue eso satisfactorio para ti? ¿O tuviste la sensación de que podría haber más que eso en la vida para ti?

Todo esto es a modo de decir que, en todas las fases de tu vida, hay personas e instituciones que les gustaría que suprimas quién eres *en realidad*, para que encajes a ser quien se supone que eres. Creerse eso crea el núcleo de la adicción. Es increíblemente doloroso no ser quien de verdad somos.

Hace muchos años, tenía una gata que salía y entraba de la casa. Era una gatita valiente y salvaje. Ella se iba a cazar y entraba a casa llevando una ardilla que era del mismo tamaño que ella. Un día no podía encontrarla en ningún lado. Miré y miré. Finalmente descubrí que estaba agachada detrás de la puerta del baño. Algo malo le había sucedido, pero no estaba claro qué era. La llevamos al veterinario. Tuvo algunas heridas leves, tal vez la atropelló un coche o tuvo un encuentro con un perro. Lo que sea que fuera, la asustó de verdad. Le dije que ser valiente estaba mal, y se contrajo a un pequeño ser que era aproximadamente una décima parte de lo que realmente era. Tuvimos que trabajar con ella durante un tiempo para ayudarla a volver, y de nuevo se convirtió en la valiente y salvaje gatita que siempre había sido.

Esa misma cosa nos pasa a nosotros. Algo ocurre en nuestra vida y pensamos que la contracción es una buena idea. Muchos de nosotros nos contrajimos en la infancia porque era lo que nos daba "seguridad". Nos hizo sentir menos vulnerables. No querías estar cerca cuando papá estaba de mal humor. Pensaste que cuando el bully estaba en el patio de recreo de la escuela hacerte pequeño era lo mejor que podías hacer. ¿Y sigues haciendo eso? ¿Sigues haciéndote imperceptible de una manera u otra? ¿Te sirve eso bien realmente o es simplemente reforzar la idea de que tú no tienes poder?

## Ejercicio: expandiéndote

Este ejercicio está diseñado para ayudarte a pasar de un espacio contraído a uno mucho más expansivo. La mayoría de nosotros estamos acostumbrados a tener nuestra energía muy contraída, pero esa contracción realmente crea enormes limitaciones. Cuando te adentras en ser el espacio que de verdad puede ser, tienes una plataforma mucho más grande desde la que crear y generar tu vida. Ese espacio también te permite lidiar más fácilmente con todo lo que viene hacia ti desde esta realidad.

Antes de comenzar este ejercicio, por favor, ten en cuenta que el ser no está dentro del cuerpo. ¡El cuerpo está dentro del ser!

## *Indicaciones:*

(Sería buena idea grabar el ejercicio para que puedas escuchar las instrucciones.)

Encuentre un lugar cómodo donde sentarte sin que te molesten.

Ahora respira hondo y suéltalo lentamente.

Y toma otra respiración profunda y suéltalo lentamente. Permite a tu cuerpo relajarse, dejando que toda la tensión se vaya.

Ahora me gustaría que expandas tu ser fuera de tu cuerpo de ocho a diez pulgadas. No tienes que *intentar* hacerlo, sólo tienes que preguntar, pedir y crearlo.

Tómate un momento para tomar consciencia de cómo es eso para ti.

Ahora expándete para llenar la habitación en la que te encuentras. Y tómate un momento para estar al tanto de lo que te gusta.

Ahora expándete para llenar todo el edificio en el que te encuentras. Y tómate un momento para ver cómo es eso para ti.

Ahora expándete para ser tan grande como la ciudad en la que te encuentras.

Ahora expándete 50 millas en todas direcciones, incluyendo hacia dentro de la Tierra.

Ahora expándete 200 millas en todas direcciones, incluyendo hacia dentro de la Tierra.

Ahora expándete 1,000 millas en todas direcciones, incluyendo hacia dentro de la Tierra.

Ahora expándete 5,000 millas en todas direcciones, incluyendo hacia dentro de la Tierra.

Ahora expándete 20,000 millas en todas direcciones, incluyendo hacia dentro de la Tierra.

Ahora expándete 100,000 millas en todas direcciones, incluyendo hacia dentro de la Tierra.

Ahora expándete 500,000 millas en todas direcciones, incluyendo hacia dentro de la Tierra.

Ahora expándete tan lejos como te gustaría ir, incluyendo hacia dentro de la Tierra. Tómate un momento para notar la energía y el espacio que estás siendo. Mantente así por un momento o dos. ¿Qué es esto para ti?

Ahora abre tus ojos manteniendo tanto de la expansión como quieras. ¿Cómo es eso para ti? ¿Estás dispuesto a ser tanto espacio de forma habitual? Tú puedes, tú sabes.

La voluntad de ser espacio creará mucha más facilidad para ti. Te aliento a practicar este ejercicio todos los días hasta que sea fácil para ti ser inmediatamente el espacio que deseas ser. Inicialmente, es posible que sólo puedas hacer una pequeña porción de este ejercicio. No te preocupes si no puedes hacerlo de inmediato. Puede tomar algo de práctica. La primera vez que aprendí a hacer este ejercicio, lo hacía cada mañana y cada noche. Tal vez deseas hacer eso también.

Este es un gran ejercicio para usar cuando notas que alguien te está juzgando, o cuando te estás juzgando a ti mismo, porque nada te contrae como lo hace el juicio. Cuanto más espacio estés dispuesto a ser, menos juicios se adherirán a ti. Eso es importante, porque los juicios te llevan a juzgarte como equivocado, y para empezar, el dolor de estar equivocado y no encajar es una de las grandes razones por las que vas al lugar del comportamiento adictivo o compulsivo.

## Dos juicios comunes

En la siguiente sección voy a hablar sobre dos juicios comunes que la sociedad aplica a las personas con adicciones. Si te compras cualquiera de ellos como verdadero, te contraerás y te disminuirás de nuevo.

"Eres egoísta". A las personas que tienen comportamientos adictivos o compulsivos se les acusa a menudo de ser egoístas. De hecho en algunos de los programas de tratamiento tradicionales, es una de las cosas que se les dice rutinariamente a las personas con adicciones: "Eres egoísta".

Egoísta. Eso es algo malo, ¿verdad? Bueno, tal vez no. El egoísmo puede ser algo muy bueno. Si un bebé no fuera egoísta, si nunca expresara sus necesidades o deseos independientemente de lo que estuviera sucediendo con otras personas, nunca podría ser alimentado o cambiado. Cuando te niegas a ti mismo y pones a otros constantemente ante ti, no estás en la ecuación de tu propia vida. Sólo estás ahí para estar y hacer lo que otras personas necesitan que seas y hagas. Pierdes la consciencia de tus propias necesidades y deseos ¿y cómo puedes ser tú cuando no eres consciente de esas cosas?

Lo que la mayoría de la gente quiere decir cuando te acusa de ser egoísta es que no estás siendo la persona que ellos quieren que seas, y no estás cumpliendo sus necesidades. Eres egoísta si quieres pasar el día leyendo y no deseas hacer mandados con ellos. Eres egoísta si no estás a la altura de lo que han decidido que tus responsabilidades y obligaciones son. Dicen que estás equivocado y que los estás lastimando. Dicen, "Te estás poniendo a ti primero. Tienes que ponerte a ti mismo a un lado por mí". En realidad, ¡tienes que ponerte a ti mismo primero! Si no te pones primero, no puedes ser el verdadero regalo que eres para el mundo.

## Eso está muy lejos de ser egoísta.

Una vez tuve un cliente que había sido etiquetado como drogadicto. Su esposa se consideraba la víctima sufriente desde hace mucho tiempo. En realidad, ella tenía una adicción a ser crítica y a ser víctima. Su punto de vista era "Él es egoísta, me está lastimando con su adicción, está haciendo cosas terribles". Curiosamente, cuando le pedí a mi cliente que hiciera una lista de todas las formas en que había herido a su cónyuge, no se le pudo ocurrir nada específico. Vio que cuando se creyó sus quejas como reales, afirmó la posición de ella como el cónyuge agraviado y le dio oportunidades adicionales para reprenderlo, acusarlo y disminuirlo.

Mientras el hombre y yo trabajamos juntos, él se hizo más consciente de la dinámica de la situación y estuvo más dispuesto a mostrarse en su vida y dejar ir su uso de las drogas. Entre más feliz, más creativo y exitoso se convirtió, más desagradable se volvió la esposa hasta que incluso sus hijos no querían estar cerca de ella. Finalmente se separó de ella. La parte triste es que ella pudo haber elegido cambiar y terminar con su adicción, pero se aferró más y más firmemente a ser la víctima crítica y abusiva que eligió ser.

Te animo a echar un vistazo a lo que realmente está pasando con la gente que te llama egoísta. ¿Es sobre ti? ¿O realmente se trata de ellos? Una de las maneras de empezar a ser el antídoto para la adicción es preguntarte a ti mismo:

- ¿Estoy en la ecuación de mi vida aquí o he entrado en la realidad de otra persona?

- ¿Estoy haciendo lo que otras personas quieren que haga sin tener en cuenta lo que necesito?

Si te estás ajustando a la realidad de otra persona, no puedes tener la tuya. No puedes comenzar a restaurar el poder de ti y ser quien de verdad eres. Y si la realidad de la otra persona es más pequeña que la tuya, tienes que negar tu consciencia y contraerte lo suficiente para encajar en su pequeña vida. No digo que no debas considerar el efecto que tus acciones tienen en los demás. No se trata de ser un toro en una tienda de porcelana. Se trata de ver dónde tú u otros te juzgan como egoísta cuando lo que estás haciendo es en realidad una contribución a la expansión de tu vida.

**"Eres impredecible."** A veces las personas son acusadas de ser egoístas cuando son impredecibles. Si no estás haciendo la cosa predecible que la gente cuenta que hagas, podría acusarte de ser egocéntrico. Pero no estás siendo egocéntrico; Estás presente y para muchas personas estar presente es uno de los mayores pecados, porque cuando estás presente, no pueden controlarte. Eres apto para elegir algo que no es predecible porque está siguiendo la energía en el momento en lugar de operar en piloto automático.

Digamos que tienes un plan inamovible para lo que haces los domingos. Entonces un domingo por la mañana te despiertas, y no estás deseando el plan. Se siente pesado. ¿Estás dispuesto a preguntar, "¿Qué se sentiría divertido y expansivo hoy en lugar de ir a una película matiné, llevar a los niños a KFC, o tomar un brunch con los Joneses?". Tal vez elijes ir a caminar o explorar un parque, o quedarte en casa y jugar juegos de mesa. ¿No es ser impredecible de lo que se trata la vida? No quiero decir que tu imprevisibilidad sea una tarea para los demás. Quiero decir estar dispuesto a seguir la energía. Esta es una de las cosas divertidas sobre la adicción: la adicción te hace muy, muy predecible. ¿No lo has notado? "Después del almuerzo, me fumo un cigarrillo", "Cinco en punto, hora del cóctel". "Noche de cita, veamos porno en Internet".

¿Qué tal si estuvieras dispuesto a ser impredecible en el sentido de ser tú en el momento, ser consciente y hacer preguntas como:

- ¿Qué sería divertido para mí en este momento?
- ¿Qué actividad nueva o diferente podría elegir hoy?
- ¿Qué podría expandir mi vida?

Si estuvieras dispuesto a ser impredecible, ¿cuánto cambiaría tu vida? ¿Cuánto más vivo te sentirías?

Un aspecto de ser impredecible es la voluntad de cambiar de opinión. Eso es lo que haces cuando estás alerta, consciente y sintonizado contigo mismo y lo que está sucediendo a tu alrededor. ¿Qué tal si estuvieras dispuesto a cambiar de opinión cada diez segundos? ¿Qué tal si no tuvieras que quedarte con algo sólo porque en un momento decidiste hacerlo?

¿Alguna vez has acordado empezar un trabajo y el primer día supiste que no era una buena opción? Pero porque dijiste que lo tomarías te quedaste seis años. O tal vez fue un matrimonio o una relación. ¿Decidiste que necesitabas quedarte para siempre, aunque los dos fueron miserables? ¿Qué tal si te permitieras cambiar de opinión y no ponerte las cadenas de quedarte con algo que no funciona? Porque una vez más, cuando haces eso, te dejas fuera de tu vida.

No estoy hablando de ignorar a los demás. Estoy hablando de ser consciente y honesto contigo mismo sobre lo que está funcionando y lo que no está funcionando. Puedes hacer preguntas como "¿Qué se necesita para que esto sea expansivo para todos?". Se trata de buscar posibilidades, porque estamos todos interconectados y hay maneras en que puedes ser totalmente tú e incluir a las personas que están dispuestas a estar en tu vida. Si tu matrimonio no está funcionando, ¿beneficia realmente a tu cónyuge y a los niños quedarse en él? Los niños son conscientes de lo que está sucediendo. He tenido tantos clientes adultos que han dicho cosas como "Ojalá mis padres se hubieran divorciado. Mi vida habría sido mucho más fácil si no hubiera estado atrapado en medio de sus peleas". Lo mismo puede decirse de un trabajo. Si odias tu trabajo, ¿puedes realmente hacer un buen trabajo para tu empleador? ¿O estarían mejor con alguien que realmente disfrutaba del trabajo?

por Marilyn Maxwell Bradford

## Elección y consciencia

La mayoría de la gente piensa en la elección como algo que se tiene que ejercitar cuando se enfrentan a diferentes alternativas. Creen que tienen que elegir entre helado de vainilla o chocolate, pueden elegir casarse o divorciarse, o pueden elegir pasar sus vacaciones en Costa Rica, California, Hawai o Canadá. Esto es lo que yo llamo elección de un menú. Presupone que las opciones o respuestas establecidas delante de ti son las únicas elecciones que tienes.

Como ejemplo, tomemos la afirmación: "Puedes estar casado, o puedes estar divorciado". Si te fijas en lo que la mayoría de la gente quiere decir con *casado*, puedes ver cómo se atascan en la idea de que sólo tienen dos elecciones. ¿Pero qué pasa si no defines el matrimonio como todos los demás? ¿Qué pasa si ello no significa vivir juntos 365 días al año, jugando ciertos papeles, y asentándose en rutinas y expectativas establecidas de uno y el otro? ¿Qué tal si de lo que se trata es de honrar a la otra persona por lo que realmente es y estar presente con esa persona en el momento, en lugar de tener que establecer maneras de comportarse y actuar? ¿Qué tal si permanecer casado fuera una elección que hicieras todos los días, no por no tener que analizar las cosas, sino por seguir la energía? ¿Podría eso abrirte a una relación diferente y más expansiva? Siempre hay elecciones más allá del "menú" establecido por esta sociedad. Son los juicios arbitrarios y las reglas que asumimos los que limitan nuestras elecciones. A la mayoría de nosotros nos han llevado a creer que tenemos elecciones limitadas en cualquier situación dada, pero eso no es el caso generalmente.

Aquí hay otro ejemplo. Hablé con una clienta que dijo: "Soy una persona que hace demasiado. Cuando llega la Navidad insisto en que hagamos todas las cosas tradicionales, preparar el árbol, hacer una cena de pavo, hornear galletas y comprar regalos para todos. Me agoto y termino obligando hacer todo eso a mis hijos, a quienes realmente no les importan estas cosas. No quiero hacer eso pero no quiero saltarme la Navidad porque me encanta".

Le dije: "¿Por qué no te sientas con tus hijos y tienes una reunión familiar? Podrías elegir cosas que les gustan hacer juntos. Si quieres celebrar la Navidad el 27 de diciembre para perderte todo el alboroto, hazlo. O si quieres amontonar a todos en el coche y hacer un viaje por la carretera durante las vacaciones, hazlo. Haz algo divertido que funcione para todos. Siempre tienes muchas más elecciones de las que crees".

Ella dijo, "¡Oh! ¡Eso es mucho más liberador!".

La verdadera elección es ir más allá de las opciones que te han dicho que son las únicas que tienes. Siempre tienes más elecciones de las que crees que tienes.

## Estamos eligiendo continuamente

Un error que las personas suelen hacer es no reconocer que estamos continuamente tomando elecciones. Estamos eligiendo algo cada segundo de nuestras vidas. Estamos eligiendo tratarnos bien o no. Estamos eligiendo conectar con una persona o no. Estamos eligiendo participar en nuestro comportamiento adictivo o compulsivo o no. Estamos eligiendo incluso si elegimos no ser conscientes de que estamos eligiendo. Si estás operando en piloto automático, simplemente estás eligiendo ir en piloto automático. Si cada vez que ves una determinada casa o coche, o persona, dices automáticamente "¡Uf!" estás eligiendo volver a promulgar el mismo juicio una y otra vez.

## La elección crea consciencia

Pocas personas entienden que su consciencia aumenta a través de elegir. Muchas personas intentan tomar consciencia de lo que sus elecciones crearán antes de que elijan. Pero no funciona de esa manera. La elección crea consciencia. La consciencia no crea elección.

¿Alguna vez has salido en una cita con alguien y casi inmediatamente te diste cuenta de si habría o no un futuro con esa persona? Tu elección de salir con ellos creó esa consciencia. A veces se puede tomar consciencia solo por el acto de elegir. En realidad, no tienes que seguir adelante con ello. Si dices, "Voy a volver a la escuela y completar mi título", inmediatamente obtendrás la energía de lo que esa elección creará. Entonces, puedes tomar otra elección, "Oh, bueno, tal vez este no es el momento".

Elegir es crucial para la consciencia. Mi sugerencia es seguir eligiendo, eligiendo, eligiendo, que estás haciendo de todos modos, pero tomar consciencia del hecho de que estás eligiendo.

## Revisa

Me gustaría que revises contigo mismo ahora a ver si sigues siendo la energía de la expansión. Si, por alguna razón, te hubieras contraído, ¿podrías por favor tomar un momento ahora mismo y expandirte otra vez? Cuando estás aprendiendo nueva información desde el espacio de expansión, es mucho más fácil ver lo que es cierto para ti y lo que resuena contigo que cuando se intenta aprender desde un lugar de contracción.

## Ejercicio: la mentira del evento

Una de las cosas que nos impide ser el antídoto para nuestro comportamiento adictivo son las decisiones, juicios y conclusiones que hemos hecho sobre nuestras experiencias pasadas y lo que creemos que dicen sobre nosotros y el universo. Aquí hay un ejercicio que puedes usar para comenzar a trabajar con esto. Yo llamo a este ejercicio "la mentira del evento".

Por favor, escoge uno o dos eventos de tu niñez que aún tengan una carga para ti. No tienen que ser cosas importantes. No estoy hablando de grandes eventos como una muerte en la familia o una vez que te mudaste. Puede ser algo que parezca pequeño, algo que ocurrió en la escuela o cuando visitabas a tus primos. No es un gran abuso, sólo algo que todavía tiene carga.

He aquí un ejemplo de mi propia vida. Estaba en segundo grado. Era el 31 de octubre, Halloween. Estaba muy emocionada de vestirme con mi disfraz y de ir por el barrio con los niños de mi clase para conseguir golosinas. Fuimos a una casa, y la mujer tenía un enorme tazón de caramelos. Ella nos dijo, "Toma todos lo que quieras". Estaba emocionada, así que alcancé y tomé dos o tres puñados de caramelos.

Cuando llegamos de nuevo al aula, la maestra dijo a todo el mundo en la clase que yo y otro niño, que también había tomado muchos caramelos, éramos codiciosos y no teníamos modales. Ella nos juzgó tanto como fuera posible. Eso me atrapó durante mucho tiempo. E incluso de adulta, el incidente tenía una carga para mí. Cada vez que pensaba en ello, me encogía. Ese es el tipo de evento del que estoy hablando.

Como resultado de esa experiencia, concluí que era una chica mala, que era codiciosa, y que no era correcto participar en cosas placenteras. En otras palabras, yo estaba mal y necesitaba contraerme. También decidí que no podía confiar en los adultos. A pesar de que la señora me invitó a tomar los dulces, me sentía tan humillada por la maestra que no quería confiar en lo que cualquier adulto dijera de nuevo. Hay un montón de cosas que salen de un breve evento de Halloween cuando tenía seis o siete años. Y durante años, viví de esas decisiones, juicios y conclusiones. Dieron color y muchas de mis respuestas a los acontecimientos en mi vida.

Muchos años más tarde cuando volví y miré esas decisiones, me di cuenta que después de todo, no era codiciosa. La señora con el tazón de caramelos me estaba dando ese regalo, y yo estaba recibiendo alegremente su regalo, hasta que la maestra me juzgó. Tuve que mirar el incidente desde una perspectiva diferente con el fin de entender que yo no era la que estaba equivocada en esta situación; la profesora sí. Finalmente pude dejar ir la carga y decir, "Vaya, hice algunas decisiones, juicios, y conclusiones inexactas y les permití que dirigieran mi vida. Y todas esas decisiones contribuyeron a mi comportamiento adictivo, porque todos me dieron la sensación de que estaba equivocada y no podía confiar en mí misma o en los demás".

por Marilyn Maxwell Bradford

Cuando hice el ejercicio de la mentira del evento con una amiga, ella recordó un incidente que ocurrió cuando tenía cinco años. Ella había seleccionado cuidadosamente su ropa y se vistió, y con orgullo salió a mostrarle a su mamá qué buen trabajo había hecho. ¿Adivina qué pasó? Su madre la ridiculizó y la avergonzó. Mi amiga se sintió humillada y concluyó que no podía confiar en sí misma para tomar buenas decisiones.

Cuando mi amiga volvió y miró la situación, se dio cuenta de que no era que ella había hecho malas elecciones; era que su madre era cruel. Ella tenía una madre cruel, algunos de nosotros las tenemos. Ella vió que en realidad podía tomar muy buenas decisiones, y miró a algunos de los lugares en su vida donde había hecho eso, pero no lo había reconocido. Ella no pudo dejar de lado sus juicios sobre sí misma hasta que miró la conclusión que tomó a los cinco años. Tampoco podía dejar entrar la información que durante su vida había tomado algunas muy buenas decisiones.

¿Por qué es tan poderoso este ejercicio? Es porque tu punto de vista crea tu realidad. Si concluyes a los seis o siete años que eres codicioso y no puedes confiar en la gente, o si concluyes a los cinco años que tomas malas decisiones, crearás circunstancias que demuestren la exactitud de esas conclusiones, hasta que regreses y las mires. Creamos mentiras para nosotros mismos sobre el significado de los acontecimientos en nuestra vida. Y estas mentiras contribuyen a nuestro sentido de estar equivocados y jugar en el comportamiento adictivo o compulsivo en el que elegimos participar.

Así que, ahora mismo, te invito a anotar tu acontecimiento. Una vez más, es un evento de tu niñez que puede parecer pequeño pero que tiene una carga para ti. ¿Tienes uno? Anota lo que te pasó.

Después de que hayas hecho eso, por favor mira las decisiones, juicios y conclusiones que hiciste sobre ti, sobre la vida, otras personas, adultos, y tal vez Dios o el universo, basados en ese incidente. Y anota eso también.

Después de completar esa parte del ejercicio, te animo a que vuelvas y te mires a ti mismo como el niño o niña que eras en ese momento, y pregúntate: "Si estuviera fuera de esta situación y estuviera viendo que estas cosas le sucedían a un niño, ¿Qué le diría a ese niño?". ¿Qué es lo que alguien podría haberte dicho en el momento que hubiera puesto este incidente en la perspectiva correcta para ti? Por favor escríbelo.

Me gustaría que te lo dijeras a ti mismo ahora. Al decirlo puedes corregir las decisiones, los juicios y las conclusiones que hiciste cuando eras un niño pequeño, que han dado forma a tu punto de vista y quizás todavía están influenciando en cómo interactúas en el mundo. Detectar mentiras viejas, decisiones, juicios y conclusiones inexactos es un gran paso en el proceso de destapar la verdad de quién eres realmente.

## Algunas herramientas que puedes empezar a usar ahora

Aquí hay algunas preguntas y herramientas que te permitirán convertirte en más de ti, que es de lo que trata convertirse en el antídoto para la adicción.

## Herramienta: ¿Es ligero o es pesado?[1]

Me gustaría presentar una herramienta que he encontrado extremadamente valiosa: lo que es verdad te hace sentir ligero, y lo que es una mentira te hace sentir pesado.

Esto podría ayudarte a entenderlo mejor: piensa en alguien en tu vida que te importa, alguien con quien estás dispuesto a estar y del que no tienes juicio. Percibe la energía de eso. ¿Es eso pesado o liviano? Mi suposición es que sientes una ligereza en eso.

Ahora percibe la energía de alguien que te ha traicionado a ti o a alguien que creías que era un amigo hasta que te diste cuenta de que él o ella no

---

[1] "¿Es ligero o pesado?" es una herramienta de Access Consciousness.

era amable o amigable. ¿Hay una pesadez en eso? Eso es porque hay una mentira allí. La mentira era que la persona se preocupaba por ti o iba a hacer lo que estaba en tu mejor interés.

Cada individuo experimenta *ligero* y *pesado* de una manera diferente. Algunas personas experimentan una sensación de pesadez o una ligereza en el cuerpo. A otras personas les llega la palabra, pesado o ligero. Algunas personas experimentan ligero como el día, y pesado como la noche. No importa cómo se presenta para ti. Por favor no juzgues eso. Esto no es algo que tengas que hacer bien. Es una respuesta que es única para ti, y una vez que te haces consciente de lo que *ligero* y *pesado* son para ti, se convierte en una herramienta muy valiosa. Yo la uso todo el tiempo para aclarar lo que es verdad para mí y lo que está sucediendo en mi vida. También la uso cuando estoy tomando elecciones o considerando diferentes posibilidades.

Por ejemplo, si estoy buscando ir de viaje o asistir a una clase determinada, aunque lógicamente puede parecer una buena idea o una mala idea, recibiré la energía preguntando algo como: "¿Cuál es la energía de asistir a esta clase o de ir a este viaje?". Habrá una pesadez o una ligereza con eso, y a menudo la energía pesada o ligera contrarresta lo que mi mente lógica habría descubierto. He notado que cuando sigo la energía de lo que es ligero, las cosas siempre funcionan bien. Y cuando no lo hago, cuando sigo mi mente lógica, las cosas nunca funcionan de la manera positiva que pienso que van a suceder.

Quiero añadir una advertencia aquí. La única manera en que la herramienta pesado/ligero funciona con precisión es si estás dispuesto a no tener ningún punto de vista sobre lo que va a ser la respuesta o el resultado. Si tú ya has decidido que algo es bueno o es malo para ti, o que alguien es de esta manera o de esa manera, la herramienta pesado/ligero no funcionará. La respuesta enérgica a tu pregunta va a ser de acuerdo con lo que ya has decidido. Por ejemplo, si has decidido que esa persona "x" es la persona adecuada para que te cases y preguntas: "¿Es pesado o ligero para mí casarme con la persona "x"? vas a percibirlo ligero.

La herramienta no puede funcionar porque hay un juicio.

Si deseas preguntar sobre casarte con una persona "x", tienes que acercarte a la pregunta desde un lugar de total neutralidad: "Si es expansivo para mí casarme con la persona "x" genial. Si no es expansivo para mí casarme con la persona "x" genial". Es sólo desde un lugar sin expectativas o sin resultados deseados que la herramienta pesado/ligero funcionará.

Puedes utilizar esta herramienta cuando te sientes atraído a participar en tu comportamiento adictivo o compulsivo, preguntando:

- ¿Cuál es la energía de participar en mi comportamiento adictivo o compulsivo en este momento?
- ¿Es pesado o ligero para mí dejar este comportamiento durante quince minutos?

Incluso si encuentras que es pesado para ti que participes en tu comportamiento adictivo o compulsivo, todavía puedes elegir hacerlo. El propósito de la herramienta pesado/ligero no es decirte qué hacer; es simplemente para darte más consciencia de lo que estás eligiendo.

Estas son algunas formas adicionales en las que puedes usar esta herramienta con tu adicción.

Pregunta:

- Joe me apoya para liberarme de mi comportamiento adictivo o compulsivo. ¿Es eso pesado o ligero?
- Esta (actividad o idea) me contribuiría a dejar ir mi comportamiento adictivo o compulsivo. ¿Es eso pesado o ligero?

Una vez más estoy hablando de la ligereza o la pesadez de la energía. A medida que empieces a reconocer y seguir la energía más ligera, comenzarás a elegir las cosas que te ayudarán a estar libre de tu comportamiento adictivo y compulsivo.

Si te pareces a mí, has intentado resolver las cosas pensando en ello. Por favor reconoce, a pesar de lo que te hayan dicho, pensar no funciona. Y aquí hay otra cosa sobre pensar: cada vez que te vas al pensamiento y a entender algo, estás cortando tu consciencia de lo que está sucediendo. Pensar en realidad te impide ser consciente. Puedes hacer uno u otro, puedes estar consciente o puedes pensar, pero no puedes hacer ambas cosas al mismo tiempo.

Pensar te ha llevado a donde estás. Si pensar pudiera haberte sacado de tu comportamiento adictivo o compulsivo, ya estarías fuera de eso. Es por eso por lo que esta herramienta que te pide que percibas la energía de la situación (en lugar de intentar pensar algo), es tan efectiva.

Puedes utilizar la herramienta ligero/pesado para acceder a tu saber en cualquier momento. Si es ligero, es verdad para ti. No es una verdad universal; es simplemente cierto *para ti*. Y si es pesado, hay una mentira allí dicha o no dicha. Es bueno saber que a veces las mentiras son no habladas. Tienes que buscar esas también, porque cualquier cosa que sea pesada va a atrapar tu atención hasta que detectes la mentira.

Por ejemplo, digamos que alguien te dice, "No puedo ir a tu fiesta hoy porque estoy enfermo". Podrías decirte a ti mismo, "Hmm eso se siente pesado para mí. ¿Hay una mentira aquí? Sí. (Eso se siente ligero.) ¿Está realmente enferma? No. (Eso se siente ligero). Oh, está bien. Entiendo. No está enferma".

Si encuentras que tus preguntas no aligeran la energía por completo, podría haber más detalles en la mentira. Puedes preguntar:

- ¿Qué mentira más hay aquí?
- ¿Cuál es la mentira no hablada aquí?
- ¿Qué más está sucediendo?"

Puede ser algo que la persona no te está diciendo como, "Bueno, en realidad mi esposo no quiere que vaya a tu fiesta porque teme que voy a coquetear con tal y tal". Tan pronto como te llega la mentira no hablada, puedes dejarlo ir. Te sentirás ligero. Por lo tanto esta es una herramienta muy práctica y útil.

Utiliza la herramienta ligero/pesado, a medida que pasa tu día. Fíjate en lo que sientes ligero y sigue esa energía ligera. Fíjate en lo que se siente pesado. No te resistas y reacciones a la pesadez porque eso es pelear y pelear te mantiene en ella. En lugar de eso pregúntate "¿Qué puedo ser y hacer para crear una situación que sea más ligera aquí?". A medida que te hagas esa pregunta, obtendrás algún tipo de consciencia. Simplemente ve en esa dirección.

## Herramienta: ¿A quién le pertenece esto?[2]

¿Alguna vez te has encontrado caminando por la calle, sintiéndote bastante feliz con la vida y de repente una oleada de tristeza te superó? O tal vez estabas sentado en casa, viendo una película y te diste cuenta de que estabas muy enojado. ¿Te sorprendería saber que muchos de tus pensamientos, sentimientos y emociones en realidad no te pertenecen?

Muchos de nosotros somos increíblemente psíquicos; lo encuentro particularmente con personas que tienen comportamientos adictivos o compulsivos. Cuando digo "psíquico", no estoy hablando de leer hojas de té o mirar en una bola de cristal. Me refiero a nuestra habilidad de captar los pensamientos, sentimientos y emociones de todos los que nos rodean. Si eres consciente de esto como una habilidad que tienes, entonces no es un problema. Pero si no eres consciente de que captas los sentimientos y pensamientos de los demás, vas a suponer que la tristeza o el enojo o lo que sea, es tuyo y que necesitas hacer algo al respecto. La cosa es que, si no es tuya para empezar, no hay nada que puedas hacer al respecto.

Aquí hay un ejemplo. Una navidad, fui al centro comercial a hacer algunas compras navideñas. Tengo una familia pequeña y tenía mucho dinero para cubrir los gastos de los regalos que iba a comprar. Cuando salí del centro comercial habiendo hecho mis compras estaba pensando: "¡Oh, Dios mío! ¿Cómo voy a pagar por esto? No sé qué hacer con mis tarjetas de crédito". De repente me di cuenta de que ¡no era mi pensamiento! Era

---

[2] "¿A quién le pertenece esto?" es una herramienta de Access Consciousness.

lo que muchas de las personas en el centro comercial estaban pensando, ya que hacían gastos excesivos y ponían todas sus compras en sus tarjetas de crédito. Así que sabiendo que esos pensamientos no eran míos, sólo los dejé ir.

Pero para muchas personas no siempre es tan claro, especialmente si no reconocen que tienen la habilidad de captar estas cosas. Ahí es donde entra esta herramienta. Cada vez que tengas un pensamiento, sentimiento o emoción, pregunta: "¿A quién le pertenece esto?". Si se aligera algo, no es tuyo, y puedes decir "Lo regreso a quien le pertenezca".

Como terapeuta durante muchos años, he visto a personas que trabajaron sus problemas de enojo durante una década sin cambiar nunca nada, porque para empezar la ira no era de ellos. Lo estaban captando de un padre, cónyuge, miembro de la familia o jefe, y estaban actuando por ellos. Una vez que se dieron cuenta de que la ira no era de ellos, simplemente se fue.

También es posible, si estás experimentando dolor físico o emocional, que estés recibiendo el dolor de otras personas y lo estás tomando como si fuera tuyo. Esto sucede todo el tiempo. Haz la pregunta: "¿A quién le pertenece esto?". Si se aligera, sabrás que lo estás captando de otra persona, y puedes devolverlo al remitente.

También puedes usar "A quién le pertenece esto" para lidiar con pensamientos, sentimientos y emociones que rodean tu comportamiento adictivo o compulsivo. Por ejemplo, intenta usarlo con cualquier pensamiento, sentimiento o emoción que venga cuando estés *considerando* participar en tu comportamiento adictivo o compulsivo o cuando *estés* participando en él.

Le recomendé esta herramienta a una mujer que tenía un problema con la bebida. Ella se ponía ansiosa e incómoda y luego recurriría al alcohol para tener un poco de alivio. Le sugerí que preguntara: "¿A quién le pertenece esto?" tan pronto como se diera cuenta de la ansiedad. Ella entró en nuestra próxima sesión con una sonrisa brillante. Descubrió que estaba captando la ansiedad de *su marido* confundiéndola como suya y después tomaba una copa para sentirse más tranquila.

## Herramienta: haz buenas preguntas

Otra cosa útil y efectiva que puedes hacer para tener y convertirte en más de ti y para poner fin a tu comportamiento adictivo o compulsivo es estar constantemente en la pregunta. Las preguntas empoderan. Expanden las cosas energéticamente y te abren a nuevas posibilidades. Cualquier pregunta abierta te ayudará a comenzar a expandirte cuando te sientas contraído. Hacer preguntas constantemente en lugar de llegar a la conclusión, el juicio y la decisión sobre tu comportamiento adictivo o compulsivo en particular (o cualquier otra cosa en tu vida) puede abrirte a nuevas vías de consciencia y acción.

Muchas personas piensan que están haciendo preguntas cuando la mayor parte del tiempo sus preguntas no son verdaderas preguntas. Son respuestas con signos de interrogación al final.

He aquí un ejemplo de lo que quiero decir. Digamos que has decidido que quieres que el hombre de tus sueños se muestre en tu vida y tiene que ser alto, moreno y guapo. Podrías hacer una "pregunta" como, "¿Qué va a tomar para que el hombre de mis sueños se muestre la próxima semana?". Esa no es una pregunta real. Es una declaración de lo que has decidido que quieres con un signo de interrogación al final. Una verdadera pregunta es acerca de algo de lo que no has tomado ya una decisión.

Crees que estás preguntando por el hombre de tus sueños, pero como ya has decidido lo que tiene que aparecer, has limitado lo que el universo puede regalarte. ¿Y si el hombre que sería la mayor contribución a tu vida es bajito y tiene el pelo rubio?

Cuando trabajo con personas y sus adicciones, a veces preguntan cosas como: "¿Cómo paro mi comportamiento adictivo o compulsivo?". Eso tampoco es una pregunta real. Es una declaración de una decisión que han tomado (que tienen que parar) con un signo de interrogación al final. Este enfoque conduce a lidiar con la adicción en el modo de lucha. También limita lo que puede aparecer porque ya has decidido lo que tiene que suceder. Una pregunta mejor sería "¿Qué va a ser necesario para que este comportamiento cambie?" porque el cambio puede aparecer de todo tipo de maneras diferentes. Una pregunta te invita a expandir tu consciencia. Te abre a nuevas posibilidades.

Algunas de las otras preguntas que podrías hacer sobre tu comportamiento adictivo o compulsivo podrían ser:[3]

- ¿Qué más está sucediendo aquí de lo que no he estado dispuesto a ser consciente?
- ¿Qué más es posible aquí?
- ¿Cómo puede mejorar esto?[4]
- ¿Qué podría cambiar yo aquí?
- ¿Qué otras acciones podría tomar?
- ¿Qué otra energía podría ser que cambiaría esto?

---

[3] Varias de estas preguntas se utilizaron en todo el libro. Son algunas de las preguntas más valiosas que puedes tener en tu repertorio.

[4] "¿Cómo puede mejorar esto?" es una herramienta de Access Consciousness.

## 3

## ¿Qué tiene de correcto la adicción?

*Todo comportamiento es intencional. No elegirías un comportamiento adictivo o compulsivo si no fuera una contribución a tu vida de alguna manera.*

En este capítulo vamos a explorar la pregunta: "¿Qué tiene de correcto la adicción?". Sé que parece una pregunta loca y voy a hablar sobre lo que hace que sea crucial para ti responderla realmente.

A menudo el comportamiento adictivo o compulsivo puede parecer la mejor manera de satisfacer muchas necesidades, y puede haber sido el mejor mecanismo de afrontamiento que tuviste en ese momento. De hecho, muchas personas utilizan su comportamiento adictivo o compulsivo para satisfacer una amplia variedad de necesidades. Una vez que empieces a identificar todas las formas en que tu adicción te ha ayudado y ha sido adecuada para ti, puedes considerar si ésta es la forma en que deseas continuar para satisfacer esas necesidades.

Cuando pregunto "¿Qué tiene de correcto la adicción?" la mayoría de la gente me mira como si estuviera loca. Dicen "La adicción es terrible. Es horrible. Es lo peor. Es lo que me impide ser yo. Odio el alcohol. Odio los cigarrillos. Odio las relaciones abusivas. No sé por qué los sigo eligiendo".

Yo les digo "Déjame decirte algo que aprendí hace mucho tiempo. Todo comportamiento es intencional. No estarías eligiendo un comportamiento adictivo o compulsivo si no hizo algo por ti. No lo elegirías si no fuera una contribución a tu vida de alguna manera. Creaste tu adicción en primer lugar porque pensaste que no tenías ninguna otra elección. No tenías la información, las herramientas o el conjunto de habilidades para elegir algo diferente. Tuviste que crear algún tipo de comportamiento adictivo o compulsivo para lidiar con lo que estaba sucediendo para ti".

Ser consciente de ello es un paso importante. Pero también es algo paradójico, porque el otro lado de esa contribución ha sido una limitación. Y tú tienes que mirar a ambos lados de la contribución/limitación para liberarte del comportamiento adictivo o compulsivo.

Recientemente empecé a trabajar con una clienta nueva que había sido maltratada de niña.

Ella dijo, "Soy alcohólica".

Pregunté: "¿Qué significa eso?".

Ella dijo, "Bebo casi todas las noches".

Pregunté: "¿Cuánto?".

Ella dijo, "Alrededor de una botella de vino. Bebo porque no puedo lidiar con el dolor de ver qué lío he hecho de mi vida y qué tan difíciles son las cosas".

Le pregunté: "¿Tienes gratitud por la bebida y el alcohol?".

Ella dijo: "¡No! ¿Por qué tendría que tener gratitud por eso?".

Dije, "Pregúntate, 'Si no hubiera tenido el alcohol para lidiar con el dolor del abuso y lo equivocado de mí ¿cómo sería mi vida?'".

Ella comenzó a llorar, y dijo, "Probablemente me habría quitado la vida".

Le pregunté: "¿Puedes ver qué regalo ha sido el alcohol? Eso no significa que no sea el momento de cambiar eso, pero fue un regalo para ti cuando no tenías otra manera de abordar las cosas".

Y lo bueno es que ella lo consiguió.

Ahora estás mirando ir más allá de tu comportamiento adictivo o compulsivo, y va a ser muy útil descubrir las maneras en que el comportamiento te ha servido. Así que, echemos un vistazo a esta pregunta, "¿Qué tiene de bueno tu adicción que no estás viendo?". Como una manera de ayudarte a hacer eso me gustaría hablar sobre algunas de las respuestas que he recibido de mis clientes que estaban dispuestos a ver lo que su adicción contribuyó a sus vidas.

**Me ayuda a afrontar. Es mi mejor calmante para el estrés.** Muchas personas usan su comportamiento adictivo o compulsivo como su principal forma de lidiar con el estrés. A menudo oigo cosas como: "Puedo lidiar ver a mi ex porque sé que después puedo tener una botella de vino" o "Puedo tratar con los niños porque sé que más tarde puedo retirarme a mi oficina y relajarme jugando juegos de ordenador durante un par de horas".

Si no tienes buenas herramientas prácticas para lidiar con tu estrés, tu comportamiento adictivo o compulsivo puede parecer como un salvavidas. La dificultad es que al final, te estás haciendo dependiente de ello y estás disminuyendo tu consciencia y capacidad para lidiar con el estrés de una manera que es más productiva para ti.

**Alivia el dolor emocional o físico.** Si tienes dolor emocional o físico que parece que no puedes manejar de otra manera, tiene sentido que recurras a un comportamiento adictivo o compulsivo para aliviarlo, porque el punto de la adicción es no ser consciente y no estar presente contigo. Es una forma para ti de no existir, al menos temporalmente, y en ese estado de consciencia disminuida obtienes algo de alivio.

Sin embargo, tanto el dolor emocional como el físico son signos de que hay algo que hay que tener en cuenta. Por lo tanto, cuando estás usando tu comportamiento adictivo o compulsivo para aliviar ese dolor, estás poniendo tu consciencia en pausa. Eso puede estar bien por un tiempo; sin embargo en algunos casos hay cosas de las que tendrás que hacerte cargo basado en esa consciencia y si no te encargas de ellas, podría ser perjudicial para ti.

**Me ayuda a sentirme más a gusto en situaciones sociales.** Tal vez tomar un cóctel o fumar mariguana te ayuda a sentirte agusto socialmente, por lo que interactúas con la gente más cómodamente. Tal vez la medicación para el dolor que tomas para ayudarte a dormir bien por la noche te permite salir y disfrutar más de la gente. O tal vez buscar lo que está mal en la vida de las personas y arreglar sus problemas te relaja y te permite sentir que estás siendo servicial.

Mientras que todo eso parece tener sentido, cuando estás usando un comportamiento adictivo o compulsivo para ayudarte a sentirte más a gusto, cortas la posibilidad de usar las herramientas o desarrollar las habilidades que te permitirán sentirte cómodo sin el comportamiento adictivo.

**Detén la charla mental.** ¿Alguna vez has tenido la sensación de que tienes un comité en tu cabeza? ¿Que cada vez que trataste de tomar una decisión hay una voz diciendo *esto* y otra voz diciendo *esto otro*? Muchas personas usan su comportamiento adictivo o compulsivo para detener ese tipo de charla mental. Parece callar la mente y bajar el volumen de las voces contradictorias.

Pero si esa es la única manera que tienes de detener la charla mental, te haces dependiente de tu comportamiento adictivo o compulsivo en lugar de tener elección en cómo te gustaría manejarlo.

**Me ayuda a recibir.** Recibir es sobre dejar caer tus barreras, abriéndote y permitiendo que alguien o algo te contribuya. Algunas personas han tenido experiencias de vida que han sido tan dolorosas que decidieron que no podían confiar en los demás o que el universo estaba en contra de ellos. Su forma de permanecer "a salvo" ha sido cortar su recibir de cualquier persona o de cualquier cosa que no sea su adicción. Te dirán que reciben amor, cuidado, comodidad, apoyo, o relajación sólo cuando están participando en su comportamiento adictivo o compulsivo.

Si has tenido experiencias difíciles y abusivas, también puedes haber llegado a la conclusión de que es demasiado peligroso abrirte y recibir de cualquier persona o cualquier cosa, excepto de tu adicción. Esta es una conclusión común, totalmente comprensible, basada en las experiencias que has tenido.

Desafortunadamente, lo que sea que estés excluyendo de tu vida ahora mismo es parte de lo que te mantiene en la energía contraída de la adicción, porque tu comportamiento adictivo o compulsivo siempre se refiere a limitar tus posibilidades. Tomar la decisión que no recibirás de nadie ni de nada excepto de tu comportamiento adictivo o compulsivo es como decidir que sólo comprarás en tu tienda pequeña del vecindario para todo lo que necesitas en tu vida. A medida que empiezas a confiar en ti mismo a saber lo que sabes, te será más fácil recibir de otras fuentes distintas que de tu comportamiento adictivo o compulsivo.

## Regalar y recibir[5]

A la mayoría de nosotros se nos enseña que la vida en este planeta es sobre dar y tomar, esto por eso. Se trata de mantener el marcador así que si hago algo por ti, deberías hacer algo por mí. Negamos la consciencia de que una persona que da un regalo recibe a través del dar. Y una persona que recibe un regalo da a través de recibir. Esto se llama la simultaneidad de dar y recibir.

¿Qué tal si cuando alguien te diera algún tipo de regalo lo hiciera con el espíritu del verdadero dar? No mucha gente opera desde ese espacio, pero algunos sí. ¿Qué tal si pudieras permitirte tener y ser la energía de recibir ese regalo? En lugar de entrar automáticamente a "Me dieron un regalo de $75, ahora tengo que darles un regalo de $75. Tengo que asegurarme de que el marcador está igualado". Esa idea te limita de tantísimas maneras.

Una de las mayores formas en las que la idea de tomar y dar te limita es que restringe tu capacidad de recibir lo que está regalado. Si asumes que todo lo que cualquier persona que te da algo, te va a costar algo, va a ser muy difícil salir de tu comportamiento adictivo o compulsivo, porque tu

---

[5] Por primera vez me hice consciente del concepto de la simultaneidad de regalar y recibir a través de Access Consciousness.

adicción también se basa en la falsa idea de dar y tomar. Haz decidido que tu adicción te da algo, comodidad o alivio de no encajar o lo que sea para ti, y al mismo tiempo, también sabes que te cuesta algo. Puede costarte tu relación o tu trabajo. Puede costarte tu autoestima y puede ser una gran distracción de tu vida. Cuando estás involucrado en la realidad de tomar y dar de la adicción, piensas que para tener paz, alivio, comodidad y algo positivo en tu vida, tienes que pagar caro por ello. Sin embargo, una vez que trasciendes la realidad de dar y tomar hacia la consciencia de la unicidad, puedes tener y ser todo sin que "te cueste" nada.

Si te permites entrar en la energía de regalar y recibir puedes recibir de todo, porque todo es consciente. Puedes recibir de los árboles, puedes recibir de los animales, y puedes recibir de las personas a tu alrededor. ¿Puedes entender la idea de cómo el estar abierto a este tipo de recibir expandiría a ti y a tu mundo, y al mismo tiempo disminuiría el poder de tu adicción?

Por más contrario que parezca, tu disposición a recibir también te crea como el regalo. ¿Has tenido alguna vez la experiencia de darle a alguien un regalo que sabías que era lo correcto para ellos y sentirte maravilloso cuando lo recibieron? Regalaste el obsequio y simultáneamente recibiste la alegría de la otra persona al recibirlo. Y en el proceso de recibir, esa persona se convirtió en un regalo para ti.

Las mascotas a menudo proporcionan un gran ejemplo de lo que es regalar y recibir. Te regalan simplemente porque pueden, y reciben tus regalos sin tener en cuenta lo que tienen que hacer para "pagarte de vuelta". Eso es lo que me gustaría que empezaras a hacer también. A medida que comienzas a recibir de todo, del cielo y la luz del sol, hasta el sofá en el que estás sentado, los edificios que te rodean, e incluso el pavimento, comenzarás a ver que tu comportamiento adictivo o compulsivo no es lo único que puede regalarte lo que estás buscando. De manera similar, el arte, la literatura, la música y muchas otras cosas pueden ser regalos increíbles para ti. Mirar una pintura o leer un libro también es una contribución al libro o a la pintura. Una vez más, se trata de la simultaneidad de regalar y recibir.

Hay otro punto importante acerca de dar y tomar, y otra razón para salir de esa manera de operar. El tomar y dar se basa en el juicio. Si estás juzgando lo que tienes que hacer o lo que necesitas devolver a cambio de un regalo, no puedes ser la energía relajada del recibir. Esta es una forma en que el juicio destruye lo que es posible para ti. Por favor, deja ir el juicio asociado con dar y tomar. Cuando comienzas a moverte hacia la energía del regalar y recibir, encontrarás mayor facilidad con cualquier comportamiento adictivo o compulsivo porque estarás dispuesto a recibir de todos y de todo en el universo en lugar de limitar tu recibir a tu comportamiento adictivo o compulsivo.

**Detiene mi consciencia.** Puede parecer un gran alivio detener tu consciencia. No tienes que lidiar con aquello de lo que estás consciente. No tienes que saber qué hacer o cómo manejarlo. Si hay problemas en tu matrimonio, si tienes dificultades financieras o legales, si un miembro de la familia está abusando de ti, o si el dolor de no encajar en cualquier lugar parece abrumador, entonces detener tu consciencia puede parecer la única solución posible y puedes utilizar definitivamente tu comportamiento adictivo para hacer eso.

Desafortunadamente no puedes detener tu consciencia de una cosa sin detener tu consciencia de todo, por lo que puedes terminar impidiendo tu consciencia de personas y situaciones que podrían ser perjudiciales para ti. Esa es una de las razones por las que muchas personas con adicciones se encuentran en situaciones abusivas. Podrías detener tu consciencia de alguien que te va a traicionar, robar, golpear, o de cualquier otra manera, abusar y limitarte.

También puedes cortar tu consciencia de todo y todos los que les gustaría darte un regalo, el universo, la Tierra, ciertas personas y animales, para que estés atrapado en una realidad muy limitada, a menudo estéril.

He estado hablando sobre detener tu consciencia porque eso es lo que *parece* que hacemos cuando participamos en nuestro comportamiento adictivo o compulsivo. Para muchos de nosotros, ese es todo el propósito del comportamiento. Sin embargo, este es un caso de apariencias solamente. Cuando estamos participando en cualquier comportamiento adictivo o compulsivo, en realidad estamos recibiendo todo aquello de lo que podríamos ser conscientes y a veces, particularmente con alcohol o drogas, estamos exponencializando esa consciencia. La dificultad es que esta consciencia se almacena en el córtex sensorial y entonces no están disponibles para nosotros. Desafortunadamente, todavía pueden afectarnos, razón por la cual a veces experimentamos reacciones extrañas, ilógicas, aparentemente inesperadas hacia ciertas personas y/o situaciones.

**Me permite seguir siendo una víctima.** Hay algo que decir sobre ser una víctima. Por ejemplo, cuando eres una víctima, no tienes que ser responsable de tu vida. No tienes que crecer, hacer una demanda, o tomar acción. Puede ser pasivo e inactivo. Puedes ponerte cómodo en saber que lo que sea que esté sucediendo en tu vida tiene que ver con alguien o algo que no seas tú. No tienes que estar equivocado.

Puedes haber sentido tu vida como abrumadora porque nadie te ha dado las herramientas, la información o las habilidades para enfrentar una situación que te permitirían manejarla más fácilmente. Parece que no puedes crear una vida que funcione para ti. Cuando así parece ser la vida, elegir ser una víctima te da un poco de alivio. Puedes decir: "Bueno, soy la víctima de la economía, de mi abuso de la infancia, de mis genes, de mi adicción, o de lo que sea, así que no soy responsable de ello". Lo entiendo totalmente. Cuando eres una víctima, no tienes que lidiar con esas cosas difíciles.

¿Pero ser una víctima en realidad funciona para ti? ¿Es real y verdadero para ti? Te invito a usar la herramienta pesado/ligero con esto. Di en voz alta: "Soy una víctima de mi adicción o de mi vida" o de lo que sea que hayas decidido que eres la víctima. ¿Es eso pesado o ligero?

Ser una víctima puede haber sido la mejor elección que tuviste para afrontar la vida en un momento, pero ser una víctima es una garantía de que nunca te adentrarás en ser quien realmente eres. Te condena a una vida pequeña y contraída.

**Me hace sentir a salvo.** La gente a menudo me dice que la única vez que se sienten a salvo es cuando están participando en su comportamiento adictivo. Son como niños que construyen un fuerte con manteles y se esconden allí con su osito de peluche y la idea de que nadie puede "llegar a ellos". Puede que hayas hecho algo así. Puede que te hayas escondido debajo de la cama o hayas tratado de esconder tu cuerpo de alguna otra forma. O puede que simplemente te hayas escondido a *ti*, que es lo que muchos de nosotros hemos hecho. Ocultamos quiénes somos, eso es parte del proceso de cortar las partes y pedazos de nosotros.

Permanecer pequeño es una manera de esconderse y buscar una manera de mantenerse a salvo. Es bastante aterrador adentrarte en lo que realmente eres cuando has sido disminuido, castigado o juzgado como equivocado por ser tú. Algo que te proporciona una sensación de seguridad o un lugar de refugio, y que puede ser tu adicción, parece algo positivo.

A menudo las personas eligen la adicción porque les ayuda a sentirse a salvo al no estar presentes. No estar presente en nuestra vida nos da la ilusión de que nada malo puede sucedernos, o incluso si pasa, no tendremos la suficiente consciencia para lidiar con toda la fuerza de la experiencia. Desafortunadamente, no estar presente en realidad te hace más propenso a ser víctima de alguien o algo porque cortas tu consciencia de situaciones potencialmente peligrosas. Te encierras en una especie de olvido donde es fácil que te lleguen por el punto ciego.

La única seguridad real está en tu voluntad de ser totalmente consciente y a recibir todo lo que está sucediendo a tu alrededor, incluyendo todo lo que tu cuerpo está tratando de decirte. Suena contra toda lógica, sin embargo, es cierto. La seguridad viene de la voluntad de estar presente y consciente.

**Me permite castigarme por estar equivocado.** Si has decidido que estás mal, tiene mucho sentido castigarte a ti mismo. Por un lado, te da la sensación de que tienes razón al reconocer que estás equivocado y castigarte. Las personas con adicciones a menudo encuentran la manera de estar en lo correcto al equivocarse.

Y el equivocarse te ayuda a encajar en esta sociedad. Todos están contentos de que te equivoques, porque entonces eres como ellos y eres controlable. Estar equivocado también es una forma en la que mucha gente cree que encontrará seguridad. Han decidido que no serán vistos como un objetivo de tiro al blanco si están equivocados. En realidad, la verdad es lo opuesto, porque cuando decides que estás equivocado pones un signo energético que dice que eres débil y vulnerable y que en realidad eres más propenso a ser un blanco.

No hace mucho empecé a trabajar con una mujer que me dijo que tenía una adicción a la cocaína. En nuestra primera sesión, le pregunté qué le gustaba hacer. Ella respondió que le encantaba pintar, pero que no se había permitido comprar materiales de pintura durante meses porque se estaba castigando por haber gastado tanto dinero en cocaína. Lo primero que le pedí que hiciera es que saliera a comprar los materiales que necesitaba y empezara a pintar de nuevo. Ella hizo eso e informó que cuando levantó el castigo y comenzó a tratarse bien, inmediatamente comenzó a perder interés en la cocaína.

Castigarnos es un ciclo de autoperpetuación. Nos castigamos por equivocarnos, lo que nos lleva a tanto dolor que elegimos la adicción, así que nos castigamos por tener la adicción, y luego usamos la adicción para castigarnos por estar equivocados.

**Es una manera de mantener mi sistema familiar en su lugar.** Hablé de esto en el capítulo uno. Es posible que tu familia necesite que tú tengas un comportamiento adictivo o compulsivo para mantener el status quo en la familia. Muchas familias requieren un chivo expiatorio. Es la persona que todos los demás pueden señalar como la fuente de las dificultades de la familia. Tener un chivo expiatorio permite que la gente se sienta bien consigo misma. No tienen que mirar sus propios problemas. Mamá no tiene que ver lo crítica que es, papá no tiene que lidiar con su rabia, la hermana no tiene que mirar su trastorno alimenticio, y nadie tiene que lidiar con el hecho de que el abuelo Joe parece demasiado interesado en ser físico con los niños. La persona que ha elegido la adicción, especialmente si es alcohol o drogas, a menudo se pone en el papel de ser el chivo expiatorio.

Cada chivo expiatorio sabe hasta cierto grado que si detiene su comportamiento adictivo, todo el sistema familiar se desmoronará o la familia se volverá en su contra. Lo he visto suceder de ambas maneras. Puedes pensar que estás sirviendo a la familia en el mantenimiento del status quo energético y emocional. Puede que veas esto como una contribución para ellos. Sabes que puedes tolerar ser el problema o el chivo expiatorio, pero no sabes si los miembros de tu familia pueden afrontar sus propios problemas.

Por lo encomiable que esto puede sonar, si mantienes tu adicción (y el status quo en tu familia), nunca serás capaz de ser el regalo para el mundo que realmente eres. Si lo anterior es representativo de tu familia, todo el mundo en él está viviendo una mentira y eso en realidad no puede llevar a nada bueno para nadie.

## Trascender el juicio que tu adicción es mala y terrible

¿Puedes comenzar a ver algunas de las maneras en que tu comportamiento adictivo o compulsivo te ha contribuido? Hasta que estés dispuesto a ver lo que está bien sobre tu adicción, nunca podrás despejarlo. Nunca serás capaz de trascender ese comportamiento porque estás operando desde la mentira que no ha contribuido nada a tu vida. Tu comportamiento adictivo o compulsivo ha sido en realidad una contribución para ti. Puede que no haya sido la mejor manera de satisfacer tus necesidades, pero si puedes pensar en esto como la mejor herramienta que tenías en ese momento, puedes comenzar a reemplazarla con otras herramientas, y trascenderla.

Reconocer lo que es correcto acerca de tu adicción es una parte esencial de lo que te permite avanzar. Una vez que reconozcas todas las cosas que ha hecho por ti, ya sea de manejar el estrés, aliviar el dolor, proporcionar comodidad o una sensación de facilidad y seguridad, puedes comenzar a encontrar diferentes maneras de satisfacer esas necesidades.

por Marilyn Maxwell Bradford

*Ejercicio: ¿Qué tiene de correcto tu adicción que no estás viendo?*

Por lo tanto ahora mismo, por favor, escribe todas las cosas que son correctas acerca de tu comportamiento adictivo o compulsivo y todas las formas en que ha contribuido a tu vida.

Al hacer este ejercicio, puedes llegar a algunas respuestas que parezcan embarazosas, extrañas o irracionales. Por favor, no los ignores. Anota lo que sea que venga. También habrá algo importante que descubrir acerca de esas respuestas. Después de que hayas anotado todas tus respuestas, ve a tu lista. ¿Qué has aprendido acerca de tu comportamiento adictivo o compulsivo? Anota eso también.

*Seguir con el ejercicio... algunas cosas que puedes hacer*

En este momento puedes estar pensando, "Entiendo que hay algunas cosas que son correctas acerca de mi adicción pero ¿cómo es que eso cambia algo?".

Aquí hay algunas cosas que puedes hacer ahora mismo para dar los siguientes pasos para cambiar.

**Encuentra un poco de gratitud.** Ahora que has anotado todas las cosas que son correctas en cuanto a tu adicción, mira si puedes encontrar gratitud por las cosas que ha hecho por ti cuando no has tenido otra manera de satisfacer tus necesidades y deseos. Todos deseamos comodidad y facilidad, una sensación de paz y seguridad, una manera de lidiar con el estrés y una sensación de que las cosas pueden ser correctas con el mundo. Si tu adicción era el único lugar donde podías encontrar eso hasta ahora, ella ha tenido un propósito positivo en tu vida. Ha servido como una solución momentánea hasta que pudieras encontrar otra manera de satisfacer esas necesidades y deseos. Ten gratitud por eso.

**Pregunta: ¿Qué más podría poner en su lugar para satisfacer esta necesidad?** Te invito a considerar otras formas de satisfacer las necesidades y los deseos que hasta ahora tu adicción ha satisfecho. Por ejemplo, si has descubierto que tu comportamiento adictivo o compulsivo ha sido la única forma en que estabas dispuesto a recibir consuelo, comienza a buscar otras formas de tener eso. Es posible que te encuentres saltando a la primera respuesta como la solución. Eso está bien; pero sigue haciendo la pregunta porque siempre habrá más formas de proporcionarte una sensación de bienestar y facilidad.

Si el uso de alcohol te ha dado una sensación de comodidad, tu primera respuesta podría ser buscar otro comportamiento adictivo que proporcione eso. Mira si puedes llegar a otras formas de conseguir la relajación y el alivio que deseas. Podría venir de abrirte a un verdadero amigo, recibir de un animal, o darte el placer de un largo paseo en la naturaleza, un baño de burbujas caliente o un masaje. Sigue haciendo preguntas sobre qué más podría funcionar para ti. Recuerda, no estás buscando una respuesta para resolverlo todo. Lo que te da comodidad un día puede ser diferente al día siguiente.

O digamos que has descubierto que una de las grandes cosas que tu comportamiento adictivo o compulsivo te ha dado es el alivio del estrés. ¿Qué otras cosas podrías hacer para aliviar el estrés? ¿Podrías correr, ir a nadar, tomar una taza de té o tomar un descanso de lo que estás haciendo? Incluso algo así como el ejercicio de la mentira del evento puede reducir el estrés porque una gran cantidad de estrés se basa en mentiras que provienen de las decisiones, los juicios y las conclusiones que has hecho.

He aquí una nota interesante sobre el estrés: a veces nos dicen que una situación *debería ser* estresante, por lo que fabricamos estrés con el fin de acompañarlo con la forma en que pensamos que se supone que debemos responder a ella. Por ejemplo, que un ser querido muera es estresante para muchas personas pero para otros, no lo es. Podría ser un alivio; podrían encontrar una sensación de paz en ella. Sin embargo, es posible que no se permitan tener su propia respuesta a la muerte del ser querido. Pueden fabricar el estrés que creen que deben tener. También pueden tomar el estrés de todos los que lo rodean.

Si tienes una respuesta estresante a cualquier situación, podrías preguntar, "¿A quién le pertenece este estrés?" y "¿Estoy respondiendo de una manera que he decidido que debo responder, en lugar de una manera que es realmente verdad para mí?".

**Pregunta: ¿Es esta necesidad en realidad una verdad, o es una mentira?**
Ocasionalmente algo que se está disfrazando de necesidad es en realidad una mentira. Por ejemplo, digamos que estás usando tu comportamiento adictivo para ayudarte a permanecer como víctima. No necesitas encontrar otra forma de ser víctima. Es mucho más útil reconocer que ser una víctima no es la verdad de quién eres.

Otro ejemplo de mentira podría ser la necesidad de castigarte por equivocarte. Si dejas ir el castigo y te tratas a ti mismo con bondad y cariño, probablemente encontrarás que esto ayuda mucho en alejarte de la conducta adictiva o compulsiva.

Así que, además de preguntar, "¿Qué más podría poner en práctica para ocuparme de esta necesidad?" puedes repasar tu lista de cosas que son correctas acerca de tu adicción y hacer la pregunta, "¿Es esta necesidad en realidad una verdad o es una mentira?". Si es mentira, sólo reconócelo y déjalo ir. No necesitarás volver a abordarlo. Te animo a que te hagas estas preguntas diariamente porque cada vez que lo haces, vas a cambiar tu consciencia. ¡Y no te olvides de utilizar la herramienta ligero/pesado!

Te recomiendo encarecidamente que escribas tus respuestas cada vez que hagas estas preguntas. De esta manera, verás cómo estás creando el cambio.

# 4

## Fin del juicio, fin de la adicción

*El juicio es una piedra angular para todas las sociedades, y es una parte enorme de lo que mantiene tu adicción.*

En este capítulo voy a hablar sobre el juicio y su relación con la adicción.

Podrías preguntar, "¿Juicio? ¿Qué tiene que ver el juicio con la adicción?".

La respuesta es, "Absolutamente todo".

También podrías preguntar: "¿Qué quieres decir cuando dices, 'Fin del juicio, fin de la adicción'? Lo haces sonar como si fuera fácil".

La verdad es que para muchas personas, poner fin al juicio no es ni fácil ni simple. El juicio constituye el fundamento de todas las sociedades y culturas. Desde muy temprana edad, nos enseñan "Esto está bien", "Eso está mal", "Eres un buen chico o chica", "Eres un chico malo o una chica mala". Este tipo de juicios nos siguen a lo largo de nuestra vida. Hay una manera en que se supone que nos tenemos que ver, una manera que se supone que no nos tenemos que ver, una manera que se supone que debemos hablar, una manera que se supone que no debemos hablar, las cosas que se supone que debemos hacer, las cosas que no se supone que debemos hacer. Y eso es sólo el comienzo de las maneras en que el juicio impregna nuestras vidas.

A medida que crecemos, el juicio adopta formas más variadas y diversas. Nos encontramos con el juicio de nuestros amigos, nuestra cultura, nuestra religión, nuestros colegas, nuestros jefes y nuestros vecinos. A menudo nos alineamos y estamos de acuerdo con estos juicios y tratamos de encajar en lo que nos dicen que es "correcto" para que podamos jugar el juego como todos los demás. Y en el proceso, nos disminuimos a nosotros mismos. Raramente somos conscientes de que lo hemos hecho, porque no siempre es fácil reconocer los juicios por lo que son. A veces pueden ser muy sutiles.

O quizás no nos alineamos y no estamos de acuerdo con los juicios que nos envían. Algunos de nosotros vamos a la resistencia y a la reacción al juicio y nos rebelamos contra él. Tratamos activamente de *no* hacer lo que es "correcto" y en lugar de eso tratamos de encajar en roles y comportamientos que no son socialmente aceptables. Pero de cualquier manera, ya sea que nos alineemos y estemos de acuerdo o resistamos y reaccionemos, nos adjuntamos a ese juicio, lo hacemos significativo y en el proceso, perdemos parte de nosotros mismos.

## ¿Cuál es la diferencia entre el juicio y la consciencia?

Puede ayudar a aclarar qué es el juicio si lo contrasto con la conciencia. Puedo decir, "Es un día hermoso", o "ese perro parece enfermo", y podrías preguntarte si estoy expresando un juicio o aquello de lo que estoy consciente. Eso es porque puedo decir las mismas palabras con juicio o con consciencia. Así que ¿Cómo puedes distinguirlos?

Cuando se expresa una consciencia, no hay carga energética. No tienes un sentido dentro de ti de "bueno" o "malo". Simplemente estás reconociendo lo que es. Cuando expresas un juicio, hay una carga. Tienes un sentimiento de la oración. Puede ser un sentimiento positivo o negativo, pero en cualquier caso, es generalmente un sentimiento fuerte.

## El juicio siempre es arbitrario

Hay otro punto clave sobre el juicio. No tiene nada que ver con lo que es verdadero o real. Siempre se basa en un punto de vista arbitrario. Es una predisposición personal, creencia u opinión. Hace cien años, mucha gente en América apoyaba el dicho, "Escatima el palo y malcría al hijo". En otras palabras, si no le pegabas a tu hijo, no estabas siendo un buen padre. Fue un juicio. En la actualidad, esas personas serían arrestadas por abuso infantil. ¿En qué se basaba el juicio de que los niños deberían ser azotados? ¡En nada! Era sólo una idea arbitraria que la gente aceptó.

Alrededor de esa misma época en Estados Unidos, las mujeres no tenían derecho a votar. Las personas de color y grupos étnicos minoritarios no tenían los mismos derechos que todos los demás. Todas esas personas fueron juzgadas, y a veces todavía lo son, por ser "menos que", equivocadas, anormales o indignas. Una vez más, todo eso es arbitrario. Los juicios nunca son sobre la verdad, pero nos los compramos como si lo fueran. Y debido a que son aceptados por casi todos los que nos rodean, a menudo son difíciles de reconocer por lo que son.

Crecí en una familia académica en el noreste de los Estados Unidos, que está orientada en torno a sus grandes y antiguas instituciones académicas como Princeton, Harvard y Yale. Mi padre era profesor y científico en una de esas universidades. Hubo muchos juicios en nuestra familia y en nuestra ciudad que lo único que importaba era cuán alto era tu coeficiente intelectual y qué tipo de logros académicos alcanzaste. Se creía comúnmente que sólo las personas que no daban la talla intelectualmente se vincularían con los negocios. Nadie emprendería en los negocios a menos que no pudiera hacerlo en el mundo académico, porque ser académico era lo único que valía la pena hacer. No había absolutamente ninguna permisión para que la gente persiguiera sus intereses, talentos y habilidades únicos.

Era increíblemente estrecho, y no hace falta decir, reuní montones de juicios sobre todo el asunto académico, pero no lo vi hasta que me mudé a través del país a Texas, que tenía algunos juicios igualmente estrechos, contraídos y uniformes, pero de una manera totalmente diferente. Pocas personas en Texas se preocupaban por lo que tus calificaciones de aptitud académica eran o dónde estudiaste. Para muchos, todo era deportes. A menudo, una ciudad entera acudía a un partido de fútbol de la escuela secundaria. Eso es lo que les importaba. Para ellos, eso es lo que era valioso, correcto y significativo. Y si fueras de género femenino, se trataba de ser llamativa. Texas es un estado de "si lo tienes, presume de ello".

Ni los juicios de la gente en el noreste ni los juicios de las personas en Texas alentaban a las personas a identificar y desarrollar sus propios talentos y habilidades únicas y a ir en la dirección que sus intereses los guiaran. No estoy diciendo que no haya personas en estas áreas que no vayan en contra de los juicios aceptados de lo que es valioso o correcto; sin embargo, muchas personas reciben juicios negativos por las elecciones que hacen porque contrarrestan lo que la mayoría ha decidido que es importante.

Compramos los juicios como verdaderos y reales en la medida en que no hacemos preguntas y no nos damos cuenta de otras posibilidades. Si la sociedad dice que la prioridad más importante debe ser la familia, entonces es difícil para las personas que por naturaleza son emprendedoras o artísticas, sentirse libres de hacer su arte o su negocio la prioridad en sus vidas.

Se necesita un esfuerzo concentrado para descubrir los juicios que hemos comprado. Los juicios son a veces tan profundamente arraigados y dominantes que son casi indetectables, hasta que empiezas a buscar activamente.

### Ejercicio: ¿Qué juicios no reconocidos has comprado?

Aquí hay un ejercicio que puedes hacer para comenzar a descubrir juicios no reconocidos que puedes haber aceptado. Usando las categorías y preguntas que se indican a continuación, anota algunos de los juicios que has recogido de tu cultura, de tu familia de origen, del lugar donde vivías o de la parte del país en la que creciste. Yo llamo a esto tu herencia. Hazte preguntas como:

- Qué cree o juzga mi familia (o las personas que me rodean) sobre:

  | Los ricos | Los pobres |
  |---|---|
  | Las mujeres | Los hombres |
  | Política | Religión |
  | Dinero | Educación |
  | Matrimonio | Criar niños |
  | Comida | Cuerpos |
  | Adicción | La cosa más importante en la vida |

- ¿Sigo llevando alguno de estos sistemas de creencias como propio?
- ¿Son esas creencias y juicios verdaderos para mí?

Las cosas que experimentamos y las cosas que se nos enseñan y nos dicen, a medida que crecemos, a menudo no nos parecen extrañas, inexactas o indignantes, incluso si lo son. Parecen normales, porque a eso estamos acostumbrados. Es lo que sabemos. Hacer este ejercicio puede darte una enorme cantidad de libertad porque es fácil identificar y aplicar erróneamente como verdaderos los juicios que recoges cuando eres niño. Y si compras esos juicios como verdaderos y no resuenan para ti, entonces tienes que empezar a hacerte sentir equivocado, y eso ayuda mucho en la creación de comportamientos adictivos o compulsivos.

### *Ejercicio: una ocasión en que fuiste juzgado*

Este es otro ejercicio para hacer con el juicio. En este ejercicio te voy a pedir que recuerdes dos veces diferentes en los que fuiste juzgado, y luego te pediré que mires la energía de esos juicios y cualquier decisión que hayas tomado sobre ti en respuesta a ellos.

***Una ocasión en la que fuiste juzgado como equivocado.*** El primer paso es pensar en una ocasión en la que fuiste juzgado como equivocado.

Hice este ejercicio con una clienta que llamaré Bárbara. Recordó una época en la que tenía unos nueve años. Estaba acampando con su familia en el Parque Nacional Glacier. Un día lluvioso, sus padres la llevaron a un lugar que vendía comida, perritos calientes y hamburguesas, y la familia pasó varias horas allí. Bárbara pensó que eso estaba bien. Estaba corriendo, hablando con todo el mundo, y disfrutando del rato. En algún momento, se dio cuenta de que sus padres estaban tratando de acorralarla, pero no lo entendió. Su punto de vista era "Esto es divertido. ¿Por qué no corren y se ríen todos?".

Cuando regresaron a su campamento, los padres de Bárbara la regañaron por ser ruidosa y molestar a otras personas. Este fue uno de los muchos incidentes que Bárbara recordó en el que había sido duramente juzgada y culpada de equivocada por ser exuberante, y finalmente ella compró esos juicios y cortó esa parte de quién era. Se volvió más seria y se detenía a sí misma cada vez que se sentía de buen humor y alegre.

Cuando Bárbara recordó por primera vez el viaje de campamento, eso tenía un sentimiento muy pesado para ella. Vio que había comprado el juicio de sus padres (y la mentira contenida ahí de que ella estaba equivocada) y comenzó un proceso de apagar su naturaleza extrovertida y su interés en otras personas. Detectar la verdad sobre ese juicio aligeró las cosas para ella.

Por lo tanto, ahora piensa en una ocasión en la que fuiste juzgado como equivocado y escribe las respuestas a las siguientes preguntas.

- ¿Qué habías hecho o no habías hecho?
- ¿Dónde estabas?
- ¿Qué se había dicho o hecho para que supieras que te juzgaron?
- ¿Aceptaste el juicio como si fuera verdad?
- ¿Te alineaste y pusiste de acuerdo con el juicio o te resististe y reaccionaste a él?
- ¿Te juzgas de alguna manera?

- ¿Te cambiaste entonces a ti mismo de alguna manera?
- ¿Te has disminuido?

**Una ocasión en que fuiste juzgado de manera positiva.** El segundo paso de este ejercicio es pensar en una ocasión en el que fuiste juzgado de una manera positiva. Muchas personas ven el juicio positivo como una buena cosa, pero eso no siempre es el caso. También puede ser muy limitante. Un juicio es un juicio.

He aquí un ejemplo que ilustra mi punto. Cuando tenía unos diez años, traje a casa una libreta de calificaciones con todo sobresaliente, y mis padres dijeron: "¡Qué genial eres! ¡Qué inteligente eres! ¡Qué buena trabajadora eres!".

Mi reacción fue, "Vaya, si quiero más de esa alabanza mejor me aseguro de complacer a todos y hacer lo que sea que mis profesores dicen, para así conseguir sobresalientes."

Al elegir complacer a los profesores para que pudiera obtener más halagos y el juicio positivo que deseaba, corté la consciencia de que algunos de mis maestros eran francamente idiotas y que no me estaba honrando cuando hice todo lo que dijeron que debía hacer y traté de ser todo lo dijeron que yo debería ser.

Aquí hay otro ejemplo de la manera en que un juicio positivo puede ser limitante. Actualmente estoy trabajando con una clienta que es asombrosamente hermosa. También es creativa y bondadosa. Trabaja bien con los animales, escribe maravillosamente, y tiene talentos artísticos. Pero debido a que su buena apariencia era la única cosa por la que fue validada, ella ha cortado su consciencia de todas las otras partes de quién es. Ella ha pasado una enorme cantidad de tiempo asegurándose de que todo sobre su apariencia sea perfecta. Eso se convirtió en su foco en la vida. No ha apreciado o desarrollado las partes de ella que no fueron juzgadas positivamente. Estamos trabajando en ello, pero ella todavía no entiende que ser tan increíble es más allá de su apariencia.

Ahora piensa en una ocasión en la que recibiste un juicio positivo de tus padres u otra figura de autoridad y anota tus respuestas a estas preguntas.

- ¿Qué cosa de ti fue juzgada positivamente?
- ¿Cuál fue el juicio que te hicieron?
- ¿Quién lo hizo?
- ¿Te alineaste y te pusiste de acuerdo con el juicio o te resististe y reaccionaste a él?
- ¿Qué decidiste sobre ti mismo como resultado del juicio?
- ¿Te ha disminuido o limitado esa decisión de alguna manera?

## La energía del juicio/la energía de la adicción

Los juicios, tanto positivos como negativos, nos preparan para tomar las elecciones que conducen a la adicción. Eso es porque cortan nuestra consciencia de quiénes somos en realidad y qué es posible para nosotros. Cada vez que aceptamos un juicio sobre nosotros mismos como verdadero, nos disminuimos. Nos volvemos limitados por el juicio. Si nos dicen que somos hermosos o listos, o estúpidos, y nos compramos eso, es todo con lo que nos podemos identificar. También podemos ser un genio en matemáticas o un escritor talentoso. Podemos ser diabólicamente divertidos o increíblemente intuitivos, pero esas cosas quedan abandonadas de la forma en que nos vemos a nosotros mismos. El juicio tiende a ver a las personas en blanco y negro y las pone en pequeñas cajas. Nos reduce, como los seres complejos y polifacéticos que somos, hasta unas pocas palabras. Cuando nos compramos el juicio, nos compramos la visión de nosotros mismos como menos de lo que realmente somos. Eso se convierte en nuestra realidad.

¿Recuerdas a la clienta que estaba obsesionada con su apariencia? Vino a verme porque estaba preocupada por que estaba bebiendo. Hasta que sea capaz de empezar a verse a sí misma con mayor precisión, el alcohol seguirá siendo un problema. Cuando nos cortamos tanto, requerimos algún tipo de comportamiento adictivo o compulsivo para lidiar con el dolor.

El juicio nos lleva hacia la adicción porque nos aleja de lo que realmente sabemos que es verdad sobre nosotros mismos. En realidad, no nos permitimos existir como los seres que somos. Es como si nos convertimos en una caricatura o una versión de dibujos súper simplificados de nosotros mismos. Y desde este punto es muy fácil pasar a la energía de la adicción, que también es un lugar donde no existimos.

## Juzgarte a ti mismo y a tu comportamiento adictivo o compulsivo

La energía de la adicción y la energía del juicio también funcionan juntas de otra manera. A medida que participas en un comportamiento adictivo o compulsivo, probablemente comiences a juzgarte de un montón de maneras, incluyendo cosas como "No manejo bien la vida. Debería ser capaz de detener este comportamiento. Soy débil. Estoy lastimando a todos los que se preocupan por mí".

La gente cree que juzgar su comportamiento adictivo o compulsivo ayuda a mantenerlo bajo control. En realidad, lo opuesto es la verdad. Juzgar tu comportamiento solo lo fortalece. Se convierte en un ciclo de autoperpetuación: el autojuicio conduce a un comportamiento adictivo o compulsivo, y el comportamiento adictivo o compulsivo conduce al autojuicio y así sucesivamente.

Sé que suena contrario a lo que esperarías, pero si renuncias al juicio de tu comportamiento adictivo o compulsivo, creas un espacio donde puedes cambiar. ¿Alguna vez has notado que cuando tratas de controlar a una persona o una situación, que eso es muy difícil para ti y la persona o la situación no quiere ceder? Pero si dejas ir el control, abres las cosas y el cambio puede ocurrir porque no estás tan invertido en un resultado. No estás pensando, "Tengo que hacer esto. Tengo que tener este resultado". Y realmente, eso es sólo otro juicio. No tiene nada que ver con ser consciente.

por Marilyn Maxwell Bradford

## Pasar del juicio a la consciencia

Lo que puedes hacer es dejar de estar esperando un resultado específico. Pasar de juicio a consciencia. Cuanto más puedas hacer eso, más fácil va a ser alejarte de tu comportamiento adictivo o compulsivo. Recientemente trabajé con un hombre que me dijo que tenía un verdadero problema con el juego. Intentaba dejar de apostar por completo. Él dijo, "Cada vez que salgo por la noche, tengo la urgencia de hacer una apuesta. Sigo pensando, "Tengo que hacer una apuesta, tengo que hacer una apuesta. No puedo dejar de pensar en ello. Arruina mi noche. "

Le pregunté: "¿Cómo sería si no juzgaras tu deseo de hacer una apuesta? ¿Qué tal si simplemente fueras adelante y lo hagas con total consciencia?".

Él dijo: "Bueno, no lo sé. Probablemente siga haciendo una apuesta tras otra."

Le dije: "La próxima vez que salgas, ¿por qué no hagas una apuesta y no te juzgues a ti mismo? No hagas juicios basados en el pasado sobre lo que va a suceder si apuestas una bebida. Sólo haz una apuesta, mantente presente con ella, sé consciente, y ve lo que sucede a continuación.

Regresó la semana siguiente y dijo: "Durante el fin de semana, fui a las carreras con algunos amigos. Hice una apuesta y no me juzgué por ello. Me di cuenta de que ni siquiera quería apostar otro. Estaba apostando sólo por ser parte de la pandilla. Ni siquiera lo disfruté mucho. ¡Fue fantástico!".

Su decisión de ser consciente en lugar de juzgar creó un resultado completamente diferente para él.

## El juicio excluye la consciencia

El juicio siempre tiene que ver con excluir las cosas. Estás diciendo, "Esto está bien. Esto está mal, y no tendré la equivocación o la maldad en mi vida". La exclusión crea una visión distorsionada de lo que realmente está sucediendo. Y puede ser que algo que has juzgado como malo e incorrecto, en realidad podría ser una gran contribución para tu vida, pero nunca es capaz de ser esa contribución porque la has excluido.

Te daré un ejemplo extremo de lo que quiero decir por exclusión. Recientemente vi un programa en la televisión sobre el movimiento neonazi en América. Es un pequeño movimiento de gente que cree que sólo las personas heterosexuales y blancas deberían tener permiso para vivir en los Estados Unidos. Atacan y acosan a judíos, afroamericanos, homosexuales, asiáticos americanos, latinos, árabes americanos, nativos americanos, y cualquier persona con diferentes puntos de vista religiosos o políticos. Debido a la forma en que excluyen con sus juicios, los neonazis evitan ser conscientes de toda la increíble diversidad y contribución que estos grupos tienen para ofrecer. Su mundo es muy contraído, limitado y estéril.

A menudo, cuando hablo de no excluir nada, la gente dice, "Pero Marilyn, ¡hay algunas cosas realmente horribles que definitivamente no quiero en mi vida! Por ejemplo, ¡no quiero a esos neonazis locos en ninguna parte cerca de mí!".

Me gustaría hacer una observación importante aquí. No excluirlo no significa que tengas que elegir todo. Significa que no excluyes las cosas de tu consciencia. Mi universo incluye a esos neonazis, pero yo no elijo su camino. Sin embargo, elijo la consciencia de que existen. No excluirlos de mi consciencia me hace menos propensa para ser el efecto de su tipo de pensamiento. Soy consciente del neonazismo *y* no lo elijo.

Excluir cosas te pone en un lugar donde eres vulnerable, porque has excluido ciertas ideas, seres, eventos y posibilidades. Cuando excluyes las cosas, no evitas que tengan un efecto sobre ti. Todo lo que haces es excluir la *consciencia* que te permitiría saber que esas cosas iban a afectarte.

Cuando excluyes algo, puedes ser alcanzado por ello. Por ejemplo, la afirmación, "Vivo en un barrio perfectamente seguro. Nada podría pasarme aquí" es un juicio. Un día sales y te asaltan, y luego preguntas: "¿Cómo ha sucedido eso?". El asalto no *ha sucedido* simplemente; *creaste* la posibilidad de que pudiera ocurrir cuando apagas tu consciencia. Juzgaste que vivías en un barrio perfectamente seguro y excluiste la *consciencia* de que podría haber una dificultad. No estoy hablando de volverse paranoico. Se trata de empoderarte para saber lo que sabes a través de ser consciente en lugar de cortar tu consciencia con el juicio.

Aquí hay otro ejemplo que puede ayudarte a entender la exclusión. Imagínate entrar en una tienda de comestibles. A medida que caminas por los pasillos, todo en la tienda está incluido en tu consciencia. Puedes verlo todo en Tecnicolor. Es evidente que no vas a comprar todo en la tienda, pero lo ves todo. Eso es inclusión, eso es consciencia. La exclusión sería ponerte anteojeras que te impiden ver todas las cosas que decidiste que no te gustaban o no ibas a comprar. Esas cosas aún estarían ahí, pero no serían visibles para ti. ¿Ves cómo eso limitaría tu consciencia? En realidad, podría haber algo allí que elegirías agregar a tu carrito si no lo hubieras cortado como una posibilidad.

Por favor, no excluyas. Y tienes que saber que incluir todo en tu consciencia no significa que tengas que *elegirlo*. Simplemente significa que *eres consciente* de su existencia. ¿Y no es siempre mejor ser consciente?

Cuando sales del juicio y exclusión y entras en la consciencia y la pregunta, puedes comenzar a cambiar cosas y mover la energía. Eso es lo que estamos buscando, mover la energía, salir del lugar atascado y contraído de la adicción y del lugar atascado y contraído del juicio, que son prácticamente lo mismo.[6]

El juicio es un tema tan grande que voy a hablar sobre ello en el próximo capítulo también. Vamos a mirar una forma destructiva de autojuicio en la que las personas con adicciones se vinculan y cómo puedes comenzar a salir de la locura de juzgarte a ti mismo, tu vida y tu comportamiento y pasar a un lugar de mayor consciencia y posibilidad.

---

[6] En este capítulo, he hablado de algunas de las formas más comunes en que el juicio aparece en relación con la adicción. El juicio también toma muchas formas menos obvias, y si estás eligiendo dejar de juzgar, será útil identificar muchas de las formas más sutiles en que el juicio aparece en tu vida. Se puede encontrar información adicional sobre estas diferentes formas de juicio en un apéndice al final del libro.

## El enunciado aclarador de Access Consciousness

Cuando empecé a usar las herramientas de Access Consciousness en mi trabajo con clientes que presentaban adicciones, noté que empezaron a mejorar más rápido. Parte de eso era la naturaleza de las herramientas. Por ejemplo, una vez que tengas la idea de "¿A quién le pertenece esto?" y sabes que la mayoría de tus pensamientos, sentimientos y emociones no te pertenecen, eso libera mucha energía que estabas usando para tratar de arreglar algo que no era tuyo en primer lugar. Y una vez que entiendes el truco de pesado y ligero, no pierdes tanto tiempo tratando de resolver cosas.

Una de las herramientas que cambia las cosas más drásticamente para las personas es el enunciado aclarador de Access Consciousness. Permíteme describir brevemente cómo funciona. Cuando te hago una pregunta, o cuando te haces una pregunta, esto trae consigo una energía. Por ejemplo, si pregunto: "¿Cómo era tu vida familiar cuando eras niño?" notarás que surge una energía. No necesitas poner palabras a la energía. Puedes simplemente ser consciente de ello y permitirle que esté allí. A menudo, las energías que surgen están contraídas porque representan los juicios que has hecho sobre ti y de los acontecimientos en tu vida. Es muy útil para despejarlos. Este es un buen momento para utilizar el enunciado aclarador de Access Consciousness:

> Todo lo que eso es, por un dioszillón, ¿lo destruyes y descreas todo? Acertado y equivocado, bueno y malo, POD y POC, todos los 9, cortos, chicos y más allás.

El enunciado aclarador es básicamente una abreviación que te permite despejar la energía para que puedas avanzar. El Dr. Dain Heer de Access Consciousness una vez lo describió como un aspirador cósmico. Hace "uuushhh" y todas las limitaciones que esta energía representa se van.

El enunciado aclarador es una herramienta increíblemente valiosa cuando estás lidiando con la adicción. Si desea obtener más información al respecto, dirígete a www.theclearingstatement.com/

## ~5~

## La adicción primaria:
## el juicio de lo erróneo de ti

*Debajo de cada adicción al alcohol, al sexo, o a lo que sea para ti, acecha la adicción primaria, el juicio de lo erróneo de ti.*

En este capítulo me gustaría hablar sobre una forma de juicio particularmente insidiosa y destructiva en la que las personas con adicciones se vinculan. Lo llamo lo erróneo de ti. Es una forma de juzgarte a ti mismo compulsiva y continuamente como equivocado, malo o "menos que". Incluso las adicciones culturalmente aprobadas, como la adicción al trabajo o el perfeccionismo, tienen su base en ser inherentemente erróneo. No importa lo que ocurra o lo que alguien más diga o haga, automáticamente vas al lugar de cuán equivocado estás. Es una posición automática, una postura que tomas habitualmente que impide cualquier otra alternativa.

Este patrón se crea muy temprano. Es el resultado de que a los niños pequeños se les diga, una y otra vez verbalmente o enérgicamente, que ellos en realidad no importan. Son de alguna manera erróneos o malos, no encajan, no pueden hacerlo bien, o necesitan cambiar. Muchos padres deciden que es una bondad para los niños moldearlos en alguien que encajará en lo que se considera normal. Desafortunadamente, ser "normal" generalmente viene a costa de reprimir o negar todo lo que es diferente y único acerca de ellos.

Quiero darte lo que puede parecer un ejemplo tonto de lo que vincularse en lo erróneo de ti parece, pero por favor, percibe la energía de ello. Imagina a un joven cardenal, o a un pájaro rojo, como los llamamos en Texas. A este cardenal se le ha dicho desde el comienzo de su vida: "Eres un cardenal, y si quieres ser un buen cardenal, tienes que hacer lo que hacen los otros cardenales de nuestra familia. Tienes que sentarte en esta rama. Tienes que cantar con esta voz. Y queremos que te asegures de tener el número correcto de plumas". De repente, este hermoso cardenal bebé, en lugar de ser el cardenal que *es*, trata de ser el cardenal que se *supone* que es. Se sienta en su rama, mira a los otros cardenales, y dice, "Ese cardenal tiene 497 plumas y yo sólo tengo 362. ¿Qué me pasa? ¿Cómo puedo hacerme crecer más plumas? Ese cardenal canta con una voz diferente a la mía. Obviamente, mi voz no es buena. Necesito copiar la voz de ese cardenal. No creo que esté aleteando bien, y no sólo eso, estoy en el árbol equivocado. Todos los demás cardenales están en el abeto y yo estoy aquí en este roble. Oh, ¿qué más he hecho mal? ¿Qué se requiere para que encaje y sea el cardenal que me han dicho que tengo que ser?".

¿Puedes imaginarte a un pájaro amontonando ese tipo de juicio sobre sí mismo? El peso de su equivocación sería tan grande, que probablemente se caería del árbol y moriría. O empezaría a buscar un lugar al que pudiera escapar, para que no tuviera que sentir el dolor de ser tan completamente equivocado.

¿No es maravilloso que los pájaros no se juzgan a sí mismos? Cada uno aparece en el árbol que elige, con el número de plumas que tiene y canta en su propia voz, en su propio esplendor individual, sin sucumbir al juicio. Tienen la exuberancia gozosa que viene de ser lo que realmente son. Eso es posible para ti también. Sin embargo, hay tantas fuerzas que están orientadas a hacernos encajar en el molde, que no es fácil para nosotros salir de la sensación de que estamos equivocados.

Otro elemento que sirve para enseñarnos que estamos equivocados proviene de nuestro egocentrismo innato. Los niños nacen creyendo que son el centro del universo, y eso es algo bueno. Si no tuvieran esa creencia, dirían: "Mamá está deprimida y papá está enojado. Supongo que no pediré nada los próximos dos días". Eso no funcionaría. Los niños tienen que ser egocéntricos, porque no tienen la capacidad de satisfacer sus propias necesidades como lo hacen los adultos. Y parte de ser egocéntrico es la suposición de que todo lo que sucede en su universo es acerca de ellos y ellos lo causaron. Por lo tanto, los niños concluyen que si alguien está enojado, es culpa de ellos. Si mamá y papá se pelean, es culpa de ellos. Si mamá está triste, deben de haber sido malos.

Una clienta mía me dijo que desde el momento en que era una niña pequeña, tenía la sensación de que había venido a esta vida con el fin de cambiar las cosas para su familia y marcar la diferencia para ellos. Cuando tenía cuatro años, se dio cuenta de que no iba a poder hacer eso. Nadie en su familia trataba de cambiar algo, y para ella, como el ser pequeño y egocéntrico que era, eso significaba que había fracasado. Era su culpa que la gente a su alrededor fuera infeliz y nadie iba a cambiar. Ella claramente recordó un día en que estaba sentada en el coche con su madre, su padre y su hermana mayor, y dijo a sí misma en sus pensamientos, "¡Vaya error que he cometido al venir! Pensé que podría hacer una diferencia. ¿Cómo pude estar tan equivocada?".

## La adicción primaria

Mi suposición es que si tienes algún tipo de adicción, te vinculas con lo erróneo de ti. Nunca he encontrado a alguien que tuviera algún tipo de conducta adictiva o compulsiva que no tuviera una adicción a lo erróneo de sí mismo. Aparece de manera diferente para diferentes personas, pero no importa cómo aparezca, siempre se basa en el juicio de uno mismo. Sin ser plenamente consciente de ello, sigues entrando en lo erróneo de ti. Juzgas compulsivamente y continuamente lo malo y lo erróneo que eres.

La adicción a lo erróneo de ti es en realidad tu adicción primaria. Y conduce a tu adicción secundaria, la bebida, el tabaquismo, el consumo de drogas, el juego, y así sucesivamente. La adicción secundaria es el lugar donde las personas van a buscar alivio de la adicción primaria de estar tan equivocados. Y hasta que no se despeje la adicción primaria, es casi imposible despejar la adicción secundaria con cualquier nivel de éxito.

He visto una gran cantidad de lo que se llama recaída, que ocurre cuando la gente ha dejado de participar en sus adicciones secundarias, y luego vuelven a ellas. Dejan de beber, de gastar demasiado o de trabajar 80 horas a la semana. Luego, después de un período de tiempo, empiezan a hacer esas cosas de nuevo. Esto ocurre a menudo porque cuando se quita la adicción secundaria, el dolor de la adicción primaria se vuelve demasiado difícil de manejar. No tienen las herramientas y la información que necesitan para trascenderla, por lo que regresan a su adicción secundaria en busca de alivio. Despejar la adicción primaria a lo erróneo de ti allana el camino para que te alejes de tu adicción secundaria, sea la que sea.

Un adolescente fue enviado a mí porque era adicto a la marihuana y se portaba mal en la escuela. Dejó claro en la primer sesión, que no le interesaba discutir su consumo de marihuana, así que hablamos de otras cosas que estaban sucediendo en su vida. Sus padres habían estado divorciados por un par de años, y él estaba siendo criticado en sus dos hogares por sus notas, lo de fumar marihuana, su fracaso en hacer sus tareas en casa, y así sucesivamente. Sus padres le habían convertido en el paciente identificado, el que tenía el problema, pero rápidamente se hizo evidente que tanto la madre como el padre tenían grandes problemas y comportamientos propios que no estaban dispuestos a mirar. Cuando el joven y yo trabajamos juntos, le hice preguntas y le animé a mirar diferentes situaciones en su vida desde diferentes perspectivas. ¿Estaba realmente equivocado? ¿Estaba haciendo algo que fuera perjudicial para su familia? ¿Qué estaba pasando realmente? ¿De qué otra forma podría ver esto? ¿Qué sabía él que era verdad?

Después de un tiempo, comenzó a tener más confianza en sí mismo y se hizo mucho más feliz. Comenzó a tocar en su banda de nuevo y dejó de juzgarse por no encajar con los niños más populares en la escuela.

No abordamos la marihuana en absoluto durante este tiempo. Sin embargo, después de unos seis meses, vino un día y dijo: "Quiero contarte algo que sucedió ayer. Estaba conduciendo a casa con mi amigo de la escuela. Es un largo viaje, alrededor de una hora, y es cuando siempre fumamos mariguana. Mi amigo dijo: ¿Estás listo para encenderla?' Le dije: '¿Sabes qué? Creo que eso no lo haré hoy'.

Mi amigo dijo, 'Vaya. Eso es genial.'"

Además del éxito en la superación de mi cliente de lo erróneo de él, me gustaría señalar cómo esta historia ilustra que recuperarse de la adicción no se trata de centrarse en ella, sino más bien se trata de alejarse de todas las mentiras y la sensación de la equivocación que has tenido acerca de ti mismo, hacia un lugar del verdadero poder y potencia de ti.

## Reproche, vergüenza, culpa y arrepentimiento

Si te vinculas en lo erróneo de ti, el reproche, la vergüenza, la culpa y el arrepentimiento son probablemente una parte de lo que experimentas al hacerte equivocado. He conocido a muchas personas maravillosas que no creen que puedan ser una contribución al mundo porque toda su energía se enfoca en algo terrible, real o imaginado, que hicieron en el pasado.

El reproche, la vergüenza, la culpa y el arrepentimiento siempre provienen de juicios sobre lo que está bien y lo que está mal. En Access Consciousness, los llamamos implantes distractores.[7] Son conceptos que han sido implantados en nosotros por nuestros padres, la cultura y las organizaciones religiosas con el fin de controlarnos. El reproche, la vergüenza, la culpabilidad y el arrepentimiento nos atan a la sociedad y nos impiden ser conscientes y saber lo que sabemos que es verdad para nosotros.

He aquí un ejemplo de lo que quiero decir: cuando tenía seis o siete años, estuve en una tienda, y pensé, "¡Oh! Podría poner un poco de estos caramelos y chicles en mi bolsillo e irme". Así que lo hice. Más tarde, me sentí terrible por ello. No era la vergüenza o la culpa lo que sentía; simplemente sabía que el comportamiento no era lo adecuado para mí. Mi saber era muy simple y directo. "No soy el tipo de persona que hace

---

[7] El reproche, la vergüenza, la culpa y el arrepentimiento son sólo algunos de los implantes distractores comentados en Access Consciousness, y muchos de ellos se relacionan con la adicción. Más información sobre todos los implantes distractores está disponible en las clases de Access: El Fundamento y Elección de posibilidades.

esto". Si la vergüenza y la culpa se hubieran amontonado sobre mí, me habrían distraído de saber lo que sabía. Habría sido inmovilizada por el sentimiento, "Soy una persona mala, terrible, horrible".

Los implantes distractores nos distraen de nuestro saber y consciencia y nos ponen en el juicio de lo equivocados que estamos. Y mientras estemos en juicio de lo equivocados que estamos, no podemos ser conscientes. Cuando haces algo que no es compatible con quién eres, no necesitas experimentar un montón de reproche, vergüenza, culpa y arrepentimiento para evitar que vuelvas a hacerlo. Simplemente puedes decir, "Eso no funcionó para mí. No creo que vaya a hacer eso de nuevo".

Digamos que te enfadaste y le gritaste a tu perro. Hay una gran diferencia entre decir "Oh, me siento tan culpable por gritarle a mi perro", y decir, "Gritarle al perro no fue bondadoso conmigo ni con el perro. Esa no fue mi mejor opción. ¿Qué elección puedo tomar ahora? ¿Necesito arreglar las cosas de alguna manera?".

No estoy diciendo que no debes ser consciente cuando eliges hacer cosas que van en contra de la persona que realmente eres. Claro que tendrías que ser consciente de cómo lo que haces te afecta a ti y a los seres en tu vida. De lo que estoy hablando es no entrar en el juicio de lo erróneo. La culpa te devora y te distrae de lo que es generativo en tu vida. Y la gente lo usa para controlarte. "¿Recuerdas esa cosa mala que me hiciste hace diez años? Nunca lo he superado". ¡Qué montón de tonterías! Todo el mundo es responsable de avanzar. Esa es una de las maneras en que la culpa se usa para controlar a la gente.

Otra forma en que la culpa se usa para controlar a la gente es hacer que todo lo que es divertido e interesante es un pecado. "No deberías disfrutar del sexo. No deberías disfrutar de una comida maravillosa. No deberías disfrutar de tener dinero. Deberías trabajar tiempo completo y más. ¿Qué haces ahí fuera dando vueltas por la tarde disfrutando del sol en tu cara?". La culpa es una gran manera de alentar a la gente a darse palizas a sí mismas y a asegurarse de que no tenga una experiencia alegre y feliz en la vida.

Cuando te encuentras en el reproche, la vergüenza, la culpa o el arrepentimiento, reconoce que esto no es lo que eres. Son distractores que fueron implantados en ti con el fin de controlarte. Sin ellos, te conviertes en incontrolable, no fuera de control sino incontrolable. Tienes más oportunidad de ser el maestro de tu propia vida y de elegir lo que te gustaría ser.

Si te encuentras con una sensación de reproche, vergüenza, culpa o arrepentimiento que parece que no puedes llegar más allá, pregunta:

- ¿A quién le pertenece esto?

Si eso no hace que sea más ligero, pregunta:

- ¿Es eso un implante distractor?

Si eso lo hace más ligero, todo lo que tienes que hacer es usar el enunciado aclarador para despejar todo lo que sostiene el implante distractor en su lugar.

## Recibir juicio

A medida que te sales de lo erróneo de ti hacia el espacio y la libertad de ser más de ti, vas a tener aún más juicio dirigido hacia ti. Cada vez que cambiamos, hace que las personas estén incómodas. Entonces, ¿qué puedes hacer cuando la gente te envía juicios? En primer lugar, recuerda que un juicio nunca se trata de ti. Siempre se trata de la persona que está juzgando y siempre es arbitraria. Cada vez que te encuentras siendo juzgado, simplemente di para ti mismo, "Esto se trata de ellos y sus cosas. No tiene nada que ver conmigo".

Aquí hay otro consejo: la gente te acusa de lo que ellos mismos están haciendo. Si alguien te acusa de ser poco bondadoso, puedes apostar que *él o ella* es poco bondadoso. Si la gente te acusa de ser egoísta o barato, puedes apostar que eso es exactamente lo que *ellos* son.

También puedes hacer el ejercicio de expandirte. Cuando te expandes, permites que el juicio pase a través de ti. Cuanto más expandido estás y más eres el espacio de ti, menos estarás al efecto de los juicios de otras personas.

Vale la pena señalar que la gente te juzga con el fin de controlarte. El juicio es una forma de hacer que un individuo tremendamente maravilloso e innatamente único encaje y se vuelva complaciente con los valores y las costumbres del grupo. Pero aquí está la cosa: no encajas. Nunca lo has hecho y nunca lo harás, y eso es en realidad un plus. Eres diferente de cualquier otra persona, y cuando reconoces esto y no intentas encajar, tienes la posibilidad de convertirte en el ser asombroso que realmente eres.

Si alguien te lanza un juicio que coincida con uno que tienes de ti mismo, tenderás a pensar que el juicio es correcto. Tan pronto como te compres el juicio de alguien como real, le perteneces. Alguien puede decir algo como: "No estás esforzándote lo suficiente". Si ya has decidido que eres un perezoso, inmediatamente te irás a lo erróneo de ti y pensarás que tienen razón. No tienen razón; es que su juicio coincide con uno que ya tuviste de ti mismo. Cuando te hagas consciente de que tienes ese juicio, tienes la oportunidad de dejarlo ir.

Creerse los juicios de otras personas es siempre una elección. ¿Estás dispuesto a elegir no validar los juicios de nadie más?

## Desarrollar tus talentos y habilidades

Una de las cosas que escucho de mis clientes cuando hablamos de convertirse en más de lo que son es: "Marilyn, realmente no creo que lo que dices es posible para mí, no porque la gente no pueda cambiar sino porque no creo que tenga algo que ofrecer. Toda mi vida he tratado de contribuir cosas a la gente o mostrarles mis ideas y siempre recibo un portazo. Me dicen que soy estúpido o no lo suficientemente bueno o incluso peor, me ignoran. Tengo la sensación de que incluso si elimino mi adicción, no va a haber ningún lugar para mí que no sea triste y deprimente".

Hay muchas razones por las que terminamos juzgándonos como si no tuviéramos nada que ofrecer al mundo, y luego lo llevamos adelante como si fuera la verdad. ¡No es la verdad! Por favor, sé que tienes dones. Tienes talentos y habilidades. Y al usar las herramientas de este libro y dejar ir tus sistemas de creencias limitantes y lo que otros te han dicho de ti, la vida puede expandirse para ti. Serás capaz de mostrarte de maneras que nunca imaginaste.

En lugar de ir a lo erróneo de ti, comienza a divertirte con la idea de desarrollar tus talentos y habilidades. Empieza por hacer preguntas como:

- ¿Qué me gustaría hacer?
- ¿Qué me gustaría aprender?
- ¿Qué sería divertido para mí hacer?
- ¿Qué me ha interesado siempre?
- ¿Qué me energiza?
- ¿Qué he pensado que me gustaría hacer pero nunca lo he intentado?

Ve hacia cualquier actividad que te parezca ligera.

Por favor, diviértete con esto y empieza a explorar. Descubre lo que te gusta hacer, ve lo que te trae placer, y comenzarás a tener una idea de lo que tus talentos y habilidades son.

## ¿Estás juzgando a alguien más?

Aquí hay otra cosa interesante sobre el juicio. A veces se puede pensar que estás juzgando a alguien más, pero no eres tú quien está juzgando. Esa persona se está juzgando a sí misma, y estás captando el juicio y pensando que es tuyo.

Una vez, estaba caminando detrás de una mujer que era muy pesada, y me encontré pensando, "Eso es un montón de grasa".

Dije: "¡Espera un momento! Realmente no tengo un punto de vista acerca de los cuerpos", y me di cuenta de que estaba captando el juicio de sí misma.

Si has decidido que eres una persona criticona, probablemente no lo eres. Las personas que juzgan nunca piensan que lo son. Siempre creen que simplemente están diciendo la verdad. Dirán, "No soy una persona que critica. Simplemente sé lo que es verdad". En realidad, *están juzgando* pero no están dispuestos a verlo.

## Dejar ir el juicio

¿Por qué tantos de nosotros nos resistimos a dejar ir el juicio? Puede ser porque hemos comprado tantas mentiras sobre lo que el juicio hace. A menudo oigo a la gente decir cosas como: "Si no me juzgo a mí mismo, no estaré motivado para hacer nada".

Me gustaría hacerte una pregunta: ¿Qué tal si no te motivas con el juicio? ¿Qué tal si te motivas con la elección? ¿Cómo sería eso? Estar motivado por el juicio te pone en el lugar de lo erróneo, donde siempre estás esforzándote por hacerlo mejor. Estar motivado por la elección elimina todo lo equivocado. Haces lo que haces porque eliges hacerlo. No se trata de hacerlo bien o mal.

También he oído, "Si dejo ir el juicio voy a hacer cosas malas y terribles".

Siempre pregunto: "¿A quién le pertenece eso?". Y luego pregunto: "¿Es verdad esa afirmación realmente? ¿Reconoce esa afirmación realmente la verdad de quién eres?". Este es un buen momento para utilizar la herramienta pesado/ligero.

La gente también dice, "Si dejo ir el juicio, seré tan diferente de todos los demás. Voy a estar solo". Bueno, eso es algo que la gente piensa que es verdad. Cuando dejes ir el juicio, vas a ser muy diferente. Mucha gente usa el juicio como la forma principal en que se conectan con los demás. Se puede ver esto en la forma en que los seguidores forman grupos para alentar a un equipo deportivo, la forma en que el público toma partido a favor y contra los candidatos en unas elecciones, o en la forma en que las personas forman *grupos internos* y *grupos externos*.

Tienes que saber, sin embargo, que hay personas alrededor del mundo que están comenzando a dejar de juzgar. Si estás dispuesto a hacer eso también, y si estás dispuesto a mostrarte como tú, comenzará a aparecer en tu vida gente que es vibratoriamente compatible contigo, el nuevo tú, el verdadero tú.

En este momento, no obstante, puede que no tengas mucha gente así en tu vida porque si estás juzgando, vas a ser energéticamente compatible con otras personas que están juzgando. Puede parecer que no hay nadie en el mundo que no esté juzgando, pero a medida que empieces a mostrarte con una energía diferente, las personas que tienen una energía similar a la tuya comenzarán a aparecer en tu vida.

Por favor, mira las razones por las que podrías haber decidido que no puedes dejar de juzgar, porque esas decisiones te están impidiendo terminar con la adicción y dejar ir otros comportamientos limitantes.

## Algunas cosas que puedes hacer para dejar ir el juicio

Una vez que te hagas consciente de las maneras en que estás haciendo el juicio adecuado, bueno, necesario y correcto, hay herramientas que puedes usar y actividades en las que puedes participar, que te ayudarán a dejar ir los juicios que te impiden ser totalmente tú.

A medida que leas estas sugerencias, te animo a elegir las herramientas, los ejercicios y las actividades que resuenan contigo. Pruébalos y ve si te ayudan a sentirte más expandido y libre de juicio. Todo esto se trata de honrarte a ti y lo que sabes que es verdad para ti.

## Herramienta: Interesante punto de vista[8]

¿Qué tal si todo en tu vida fuera sólo un interesante punto de vista? La herramienta, *Interesante punto de vista*, es una gran manera de neutralizar el juicio recordándote a ti mismo que, cualquiera que sea el juicio, es sólo un punto de vista. No es correcto o incorrecto, o bueno o malo. Es sólo una creencia, opinión, conclusión o alguna otra forma de juicio que tú u otra persona tiene en este preciso momento.

Cada vez que un juicio surge para ti, sólo di, "Interesante punto de vista que tengo este juicio". Ayuda a distanciarte del juicio. No te alineas o estás de acuerdo con ello, y no te resistes y reaccionas. Simplemente le permites ser lo que es, un punto de vista.

O digamos que alguien te dice que te equivocas por esta o esa razón. Puedes decir, "Vaya, ese es un punto de vista interesante. Olvídalo, no creo que lo compre".

Cuando estás funcionando desde un interesante punto de vista, eres capaz de ser consciente de lo que es, en lugar de convertirte en el efecto de los juicios, ya sean tuyos o de otras personas. Esto importa, porque tu punto de vista crea tu realidad. Si no estás en interesante punto de vista, te atascas en el juicio. Cortas tu consciencia y solidificas cualquier dificultad presente, en lugar de permitir que lleguen diferentes posibilidades.

Hace poco volé a los EE. UU. desde Costa Rica. La cola para inmigración era muy larga, y yo tenía una conexión bastante corta de tiempo. Empecé a preocuparme de que iba a perder mi avión. Empecé a decir, "Interesante punto de vista que tengo el juicio que voy a perder mi avión. ¿Qué más es posible?". Seguí diciendo eso y haciendo preguntas, y de repente, otros ocho agentes de inmigración fueron trasladados a nuestra sección, y yo era la segunda persona en la fila. Llegué a mi conexión sin ningún problema.

Esto puede parecer una coincidencia, pero cosas como esta suceden todo el tiempo cuando utilizo la herramienta, "Interesante punto de vista".

---

[8] Interesante punto de vista" es una herramienta de Access Consciousness.

Dejar ir mi inversión en lo que la situación parece ser crea un espacio donde otras posibilidades pueden aparecer.

## Herramienta: ¿A quién le pertenece esto?

Ya he hablado de la herramienta "¿A quién le pertenece esto?", pero quiero mencionarlo de nuevo en este capítulo porque puede ser una herramienta clave para trabajar con tu adicción primaria, la adicción a lo erróneo de ti. Siempre que tengas un pensamiento, sentimiento o emoción que tenga que ver con lo equivocado, malo o "menos-que" que eres, no lo compres automáticamente como tuyo. Pregunta: "¿A quién le pertenece esto?". Si se hace más ligero, no es tuyo. Simplemente devuélvelo al remitente.

"¿A quién le pertenece esto?" También es increíblemente útil para lidiar con tu adicción secundaria. Una de mis adicciones secundarias era el alcohol. Ahora puedo tener una copa de vino o no; no importa. Ya no tengo la compulsión de tomar un trago. Un día no hace mucho, estaba conduciendo hacia casa desde el trabajo. Tuve un día muy agradable, y fue alrededor de las 5:00 de la tarde. Era *esa* hora. De repente, pensé: "Realmente necesito un trago. Un *whisky* bien cargado sería genial".

Dije: "¡Espera un momento! Ni siquiera bebo *whisky*. ¿A quién le pertenece esto?". Me di cuenta de que estaba captando la idea de que necesitaba un trago de toda la gente que conducía a casa y pensaba, "Son las 5:00 en punto. Necesito un trago".

## Regálate un día sin juicios o una hora sin juicios

¿Cómo sería tener un día entero, o incluso una hora, donde te negaras a juzgarte a ti o a cualquier cosa? Esto puede ser un gran hábito para cultivar. Sólo di para a ti mismo, "Me estoy dando una hora libre de juicio de nueve a diez". Entonces, cada vez que un juicio surge, di, "Lo siento, este es mi tiempo libre de juicio. No estoy teniendo juicios hasta las diez.

Vuelve después". A medida que tengas más práctica de estar libre de juicio, sigue alargando ese período de tiempo.

## Pasa tiempo con personas que juzgan menos

Tómate unos momentos para hacer una lista de las personas principales en tu vida. A continuación, califícalas, en una escala de uno a diez, de cuánto te juzgan a ti o a los demás. Pon empeño en pasar tiempo con las personas que juzgan menos y nota lo diferente que es la energía.

## Practica estar presente

Encuentra un momento en el que puedes dar un paseo en la naturaleza, y mientras caminas, permítete ser consciente de todo lo que te rodea: la forma en que tus pies se sienten en el suelo, los sonidos, los olores y lo que está sucediendo con tu cuerpo. Estate tan presente como puedas. Ahora date cuenta: ¿Puedes juzgar cuando estás haciendo esto? No. No puedes estar presente *y* juzgar al mismo tiempo.

Otra cosa maravillosa de estar en la naturaleza es que la naturaleza nunca juzga. Así que, mientras estás dando un paseo, también puedes tomar consciencia de la energía de un ambiente sin juicio.

## 6

## Abuso y adicción

*Eso de lo que no estás dispuesto a ser consciente se adueña de ti.*

Si tienes una adicción, casi puedo garantizar que anteriormente has expermientado alguna forma de comportamiento abusivo en tu vida. No estoy diciendo esto como una invitación para culpar a alguien o racionalizar por qué tu vida no ha funcionado de la manera que deseabas. Lo estoy mencionando porque es información útil. Una vez que entiendas el vínculo entre la adicción y el abuso y cómo se ha desenvuelto en tu vida, serás mucho más capaz de trascender tu comportamiento adictivo o compulsivo.

Muchos de mis clientes con adicciones me han dicho: "No entiendo por qué sigo llevando a cabo mi comportamiento adictivo. Sigo comiendo en exceso, sigo trabajando compulsivamente, o sigo juzgando a los demás como equivocados, aunque quiero parar. No importa lo duro que lo intente, sigo haciéndolo. Parece inconsciente".

Esto a menudo es el caso en la forma en que llevamos a cabo nuestras adicciones, y puede ocurrir porque tenemos experiencias de abuso de las que no queremos ser conscientes. Entiendo que podrías no desear mirar algo que parece tan difícil de tratar como el abuso, y quizás estés preguntando: "¿Por qué tengo que hacer eso?". La respuesta es bastante concisa: porque eso de lo que no estás dispuesto a ser consciente se adueña de ti. Si no estás dispuesto a ser consciente del abuso que experimentaste, si estás tratando de excluirlo o racionalizarlo, en realidad va a dirigir tu vida. La voluntad de volverte consciente del abuso del pasado crea un espacio donde puedes cambiar cómo te afecta ahora.

Quiero dejar algo muy claro aquí. Por favor, tienes que saber que no estoy hablando de arrastrar cada incidente de abuso en tu pasado y hacerlo la causa de tu adicción. Tampoco estoy diciendo que debas pasar semanas, meses o años merodeando en ella. Mirar lo que era abusivo acerca de tu pasado no se trata de culpar a otras personas o convertirte en una víctima. Se trata de no fingir que no tienes poder. Se trata de reconocer lo que te sucedió y cómo te ha afectado, para que el abuso no siga adueñándose de ti.

## El vínculo entre el abuso y la adicción

Cuando sufrimos abuso, queremos escapar. Queremos escapar del abuso en sí, y más tarde queremos escapar de los recuerdos del abuso. El dolor de esto puede parecer tan grande y la perspectiva de lidiar con ello tan abrumadora, que acudir a la adicción parece ser algo natural. La adicción parece ofrecer un refugio seguro al que podemos retirarnos. Esto es especialmente cierto cuando no tenemos el apoyo que necesitamos para trascender el abuso.

El abuso y la adicción son los complementos perfectos entre sí porque ambos llevan a la gente a crear una vida más pequeña. Casi todos los que he conocido que han sufrido abusos, particularmente los abusos crónicos y continuos, han creado una vida diminuta y escondida. ¿Por qué harían eso? Porque han tomado la decisión de que una vida pequeña es más segura. Se mudan a un lugar contraído donde se vuelven hiper vigilantes y tratan de controlar todo lo que sucede. La cosa es que tratar de controlar lo que sucede sólo les da la ilusión de seguridad y crea tanto estrés que en poco tiempo, empiezan a anhelar un espacio donde pueden estar fuera de control, que es otra cosa que ofrece la adicción.

por Marilyn Maxwell Bradford

## Identificar el abuso por lo que es

Entonces, ¿qué es el abuso? Muchas personas no reconocen que fueron abusados porque piensan que el término *abuso* sólo se refiere al abuso sexual o a un maltrato físico extremo. Cuando se les pregunta si fueron abusados, van a responder: "No, no fui abusado. No fui violado o golpeado".

El abuso abarca mucho más que la violencia física o la violación sexual, y hay muchas formas de abuso que no siempre se reconocen como tales. Entonces, ¿cómo lo identificas? El núcleo del abuso siempre consiste en disminuir, degradar o devaluar al ser o al cuerpo. Es lo opuesto a honrarte o tratarte a ti y a tu cuerpo con respeto y consideración. Si recuerdas esta característica fundamental del abuso, siempre puedes verlo por lo que es.

El abuso puede ser efectuado por los padres, los hermanos, otros niños, maestros y miembros de la familia. También puede aparecer en las instituciones a través del dogma o las reglas y regulaciones de las iglesias, fraternidades, las fuerzas armadas y otras organizaciones. Algunas personas abusan de otros simplemente porque pueden. Son inherentemente mezquinos y no se preocupan por el efecto que su comportamiento tiene en la otra persona o que están tratando activamente de hacer daño. El abuso también puede ser efectuado por personas que piensan que otros necesitan ser frenados, disciplinados, y controlados por su propio bien. Se han dicho a sí mismos, e incluso pueden creer sinceramente, que el comportamiento abusivo es para el desarrollo de la otra persona. No tienen la intención de infligir daño, y rara vez ven el daño que causan.

Hay un aspecto de abuso que es importante tener en cuenta. Los niños que han sido abusados se acostumbran tanto a ser maltratados, castigados e intimidados, que no reconocen el abuso por lo que es. Parece "normal" para ellos. Si no reconoces el abuso por lo que es, no puedes ver los efectos que ha tenido en ti, y eres apto para abusar de otros de la misma manera. Si no eres consciente de la naturaleza abusiva del comportamiento, es simplemente parte de lo que aprendes y puedes infligirlo a otras personas.

A veces vienen a mí clientes que están en un terrible conflicto acerca de su comportamiento cruel hacia los demás. Reconocen que están siendo abusivos y quieren hacer algo al respecto, pero no saben cómo cambiar. Han tomado patrones de comportamiento abusivos de su familia y no tienen las habilidades para elegir algo diferente. La diferencia entre estas personas y aquellas que intencionalmente abusan de otros es que los primeros son conscientes de que su comportamiento no es coherente con quien quieren ser y que eso perjudica a otras personas. Y están buscando cambiarlo.

Hay otro punto que me gustaría hacer ver: no hay excusa para el abuso. Independientemente del tipo de abuso que puedas haber experimentado, es importante verlo por lo que fue y no minimizarlo ni justificarlo. A veces, las personas que han sido abusadas intentan entender o racionalizar el abuso que recibieron al decir cosas como: "Mi abusador era abusivo conmigo porque él o ella fue abusado cuando era niño". Esto puede ser cierto en un número limitado de circunstancias, pero generalmente ese argumento carece de fundamento. Si ser abusado causara que alguien abusara de otros, entonces, cada persona que fue abusada ahora estaría abusando de otros y sabemos que eso no está sucediendo.

## Puedes superar el abuso

Este puede ser un capítulo difícil para ti. Puede que traiga cosas que no deseas mirar. Lo que quiero decir por adelantado es que puedes superar tu abuso. Se requerirá trabajo, y puedes experimentar alguna molestia. Las cosas pueden incluso parecer muy intensas o difíciles por un tiempo, pero quiero asegurarte de que puedes superar esto y todo está al servicio de no ser cautivo en la conducta adictiva o compulsiva.

por Marilyn Maxwell Bradford

## Formas que el abuso puede tomar

Hay muchas formas que el abuso puede tomar, y me gustaría hablar de algunas de las maneras más comunes en las que aparece.

Abuso verbal······················Abuso físico·················Autoabuso

Abuso psicológico o emocional·····Descuido·····················Abuso financiero

Violaciones de la privacidad······Abuso sexual·················Abuso espiritual

**Abuso verbal.** El abuso verbal es justo lo que dice; es abuso hablado. Es insultar con apodos, criticar y menospreciar. Es todo lo que se dice que te hace sentir "menos que", indigno, equivocado o incompetente. Puede ser muy sutil, ya que a menudo la gente trata de cubrir el abuso con justificaciones. Por ejemplo, los padres a veces explican su comportamiento verbalmente abusivo con declaraciones como: "Sólo te digo lo que estás haciendo mal para que puedas mejorar".

Bueno, hay otras maneras de ayudar a los niños (o a cualquiera) a ver que podrían hacer diferentes elecciones. La crítica continua, ¿expande y ayuda a las personas o las disminuye? En lugar de decir, "Esa es una manera estúpida de hacer eso" o "nunca haces las cosas bien" o "Acabo de darme cuenta de que estás haciendo eso mal", se podría preguntar a la persona, "¿Haciendo eso obtendrás el resultado que te gustaría? ¿No? Me pregunto si hay un enfoque diferente que podrías tomar".

A veces los padres tratan de enmascarar su abuso verbal diciéndole a un niño, "Estoy siendo duro contigo porque te amo". Por favor, tienes que saber que alguien que realmente se preocupa por ti no va a ser muy crítico y abusivo de ti. La gente también trata de caracterizar su abuso verbal como una broma. Si reaccionas a su comentario desagradable o degradante, preguntan: "¿No puedes tomarte una broma?". Si alguien trata de bromear contigo, recuerda que las bromas están destinadas a divertirte. Se supone que te hacen relajar y reír. Si te encuentras contrayéndote y sintiéndote peor, no era una broma y nunca fue pensada para ser tal. Fue abuso verbal.

Otra forma de abuso verbal es la burla. Las personas que se burlan operan desde la pretensión de que son cariñosas, pero si se han burlado de ti de niño, sabes lo doloroso que puede sentirse eso y lo inherentemente mezquino que en realidad es.

**Abuso psicológico o emocional.** El abuso psicológico o emocional es abuso verbal con esteroides. Hay una mayor intención de derribar a la persona, de humillar, ridiculizar, o mantenerla en un estado de terror y temor. El abuso psicológico y emocional se produce en el lugar de trabajo o en la escuela cuando los gerentes o los profesores gritan o ridiculizan a las personas en público. Se lleva a cabo en iglesias o grupos espirituales cuando los líderes religiosos señalan a alguien como pecador. La idea es hacer de alguien un chivo expiatorio o un ejemplo para los demás.

Un ejemplo extremo de abuso psicológico o emocional se encuentra en la manera en que los prisioneros del campo de concentración son sistemáticamente debilitados. Las formas menos intensas pero aún destructivas de abuso emocional comúnmente aparecen en las familias con comentarios o acusaciones como "Sé que estás mintiendo. Siempre mientes" o "¿Qué hiciste anoche? Sé que hiciste algo malo". Es la sensación de que el abusador te mantiene en la equivocación perpetua, lo que contribuye a la sensación que tienes de que hay algo erróneo en ti.

Es común que las personas sean emocionalmente abusivas hacia las personas que participan en comportamientos adictivos. "¿Por qué tienes que comer ese pedazo de pastel de chocolate? Ya estás gorda". "Tenías que tener ese cigarrillo, ¿no? Ahora tu aliento apesta. ¿No puedes ser más considerado conmigo?". Este tipo de comentarios son abusivos porque su intención es disminuir y degradar a las personas.

La burla y el acoso también son formas de abuso psicológico y emocional. Esta forma de abuso también puede implicar ejercer un control severo sobre otra persona. Una vez trabajé con una familia donde el marido guardaba las llaves del auto y la única manera en que la esposa podía tener el auto era si ella le pedía las llaves, le decía exactamente a dónde iba, cuándo volvería y con quién iba a estar. Ella también tenía que verificar con él cada hora en punto.

El abuso psicológico y emocional también se trata de socavar los talentos de una persona. Tenía una clienta que de niña era una actriz, cantante e intérprete. Su padre le haría intencionadamente llegar tarde a las actuaciones, todo el tiempo bromeando sobre eso, "Ha-ha, vas a llegar tarde. Vas a olvidar tus frases". Esto era una forma abiertamente cruel de abuso psicológico.

A veces el abuso no es tan directo como los ejemplos dados arriba. El abuso psicológico o emocional a menudo aparece en casos de divorcio, donde uno de los padres disminuye constantemente y desvalora al otro padre delante de los niños. También puede tomar la forma de un padre animando a un niño a actuar como la pareja del padre. Cuando los padres usan a un niño pequeño como caja de resonancia para sus problemas emocionales o románticos, o exponen al niño a discusiones que no son apropiadas para los niños, eso es una forma de abuso psicológico o emocional. Tuve una clienta cuyo padre divorciado comenzó a usarla como una caja de resonancia para sus problemas emocionales y románticos cuando ella tenía sólo siete años. A un niño se le debe permitir ser un niño y no ser convertido en pareja, terapeuta, cuidador o confidente para un padre.

**Violaciones de la privacidad.** Las violaciones de la privacidad son una variación del abuso emocional. Cuando alguien lee tus correos electrónicos o diarios, o busca en tu habitación, eso es emocionalmente abusivo porque te da el mensaje de que no puedes tener nada que sea tuyo. Todo lo que eres está abierto a la inspección por alguien que ha decidido que necesitas ser vigilado o monitoreado. Es difícil tener una idea de la grandeza de ti cuando estás siendo invalidado de esta manera. Los padres a menudo hacen esto a los niños, y a veces los esposos y las esposas se lo hacen unos a otros. Siempre indica que la persona no está honrando al otro como el individuo que él o ella es.

Las violaciones de la privacidad a veces cruzan la línea hacia el abuso sexual cuando un adulto no respeta el derecho de un niño a la privacidad de su cuerpo.

Hay una advertencia aquí. Si un padre determina que un niño es suicida, está muy metido en drogas o planea algo peligroso, es apropiado intervenir. No hay reglas duras y rápidas sobre esto; tienes que mirar la energía de la situación. ¿Se ha llevado a cabo la acción para ayudar verdaderamente al niño o se deriva de la necesidad del padre de dominar y controlar?

**Abuso físico.** El abuso físico es cualquier tipo de empujones, bofetadas o golpes. Incluye ser golpeado físicamente, pegado con objetos, atado o quemado. Es cualquier cosa que la gente haga para infligir dolor sobre el cuerpo de otro.

Cuando pregunto a los clientes si han sido abusados físicamente, muchos de ellos dicen cosas como, "Oh no, me refiero a que mi mamá me golpeó con un cinturón de vez en cuando, pero no era tan malo. Y una vez que mi papá me empujó por las escaleras, pero me lo merecía". La idea de que mereciste ser abusado es una mentira. De hecho, es una de las mayores mentiras perpetradas contra los niños que sufren abuso. "Mi padre me empujó hacia los armarios porque lo molesté. No quiso romperme el brazo". "Bueno, sí, mi papá me dio un puñetazo en la cara y me rompió la nariz, pero estaba de respondón." Nada de eso es un comportamiento aceptable. No lo merecías. Y no necesitas minimizarlo, justificarlo o explicarlo. No mereces abuso físico, nunca.

**Descuido.** El descuido puede ser físico o emocional. Como niños, necesitamos comida, refugio, ropa y otras necesidades físicas. También tenemos necesidades emocionales básicas que incluyen contacto con los ojos, reconocimiento, tacto, atención y una sensación de que importamos. Cuando no obtenemos estas cosas, estamos siendo descuidados.

A veces veo clientes que parecen tener muchas de las características asociadas a haber sido abusados, pero cuando pregunto si ha habido algún abuso en sus vidas, dicen que *no*. Cuando sondeo un poco más, descubro que fueron descuidados. Tenían comida y refugio, pero no han sido abrazados, nutridos y no les han hecho sentirse cuidados. O eran niños que cuidaban de sí mismos desde el momento en que tenían tres o cuatro años y básicamente tuvieron que defenderse por sí mismos.

El abandono es una forma sutil de abuso porque no se trata de lo que se te hizo; se trata de lo que no se hizo. Si no tuviste satisfechas tus necesidades físicas y emocionales básicas, podrías tener la sensación de que de alguna manera eres erróneo, indeseable, o no merecedor. Sólo porque alguien no te diera lo que requerías, no significa que no lo merecieras, que no lo necesitaras o que no tuvieras derecho a ello. El abandono, como el abuso físico o emocional, es una forma significativa de abuso, y sus efectos pueden ser igual de duraderos.

**Abuso sexual.** El abuso sexual ocurre cuando una persona fuerza la conducta sexual no deseada en otra. Cuando hay niños involucrados, eso es cualquier comportamiento de un adulto (o adolescente mayor) cuyo propósito es estimular sexualmente ya sea a sí mismos o al niño. Esto incluye tocar inapropiadamente, contacto sexual, exponer el cuerpo delante de un niño con la intención de satisfacer los propios deseos sexuales, o pedir o presionar a un niño a que participe en actividades sexuales. También puede implicar mostrar pornografía a un niño o usar a un niño para producir pornografía.

Muchas personas que han sido abusadas sexualmente tienen dificultades con las relaciones de cualquier tipo debido a esa violación íntima. Es posible que no tengan una relación sana con su propio cuerpo, o con las personas en su vida. Y un legado de abuso sexual a menudo hace que las personas sean particularmente propensa a un comportamiento adictivo o compulsivo. Si esto es cierto para ti, por favor, tienes que saber que esto no se debe a una equivocación inherente en ti y que puedes superarlo. Restaurar tu relación contigo mismo y con tu cuerpo y entrar en lo que realmente eres es un gran antídoto para los efectos del abuso.

Ver cualquier forma de abuso es ver lo que es y saber lo que sabes. No hay una medida igual para todos que se adapte a todas las conclusiones que podemos hacer al respecto. Estar presente con el abuso que podrías haber experimentado se trata de estar en tu consciencia de las personas y las situaciones. Me gustaría contarte acerca de un hombre extraordinario que pudo superar el abuso que experimentó porque estaba dispuesto a estar consciente y hacer preguntas.

Este hombre me dijo que había sido gravemente abusado sexual y físicamente cuando era niño. Había hecho mucho trabajo sobre el abuso con Gary Douglas, el fundador de Access Consciousness, y no podía averiguar por qué no lo estaba superando. Gary abordaba al abuso de este hombre desde la conclusión de que el abuso era algo terrible que nunca debería sucederle a un niño. Pero a medida que continuaban trabajando juntos, el hombre dijo que se sentía más y más como si estuviera encerrado en cemento. ¿Por qué no se estaba volviendo más ligero? Entonces un día Gary le dijo: "Esta es una pregunta loca, pero ¿tuviste algo que ver en la creación del abuso que experimentaste?".

De repente, el universo del hombre se aligeró y dijo: "Sí, lo hice. No sé exactamente qué parte jugué en crearlo, pero sí, jugué un papel en él. ¿Qué podría ser?".

Mientras Gary y el hombre trabajaron juntos, el hombre se dio cuenta de que, cuando era un niño de seis años, se había interpuesto en el camino del abuso para evitar que otros tuvieran que recibirlo. Sabía que si no lo hacía, el abusador iba a acosar a muchos otros niños. En realidad, tomó la elección de ser abusado, y el resultado fue que pudo actuar de tal manera que el abusador fue descubierto. Al final, el abusador realmente consiguió algo de ayuda y fue capaz de darle la vuelta a su vida.

Tal vez quieras hacerte la misma pregunta que Gary le preguntó a ese hombre. "¿Tuve algo que ver en la creación de los abusos que experimenté? ¿Estaba dispuesto a cargar con el abuso porque estaba protegiendo a alguien más de recibirlo?". Tal vez estabas protegiendo a tus hermanos. Tal vez tenías el saber que si esa persona abusaba de ti, él o ella sería descubierto, y eso impediría que otros fueran acosados o perjudicados. ¿Tienes idea de lo intrínsecamente bondadoso y cariñoso que puedes ser en tu disposición a sacrificarte por los demás?

Usa la herramienta pesado/ligero mientras te haces esta pregunta:

- ¿Tuve algo que ver en la creación de los abusos que experimenté?

Claramente, esto no será cierto para todos, pero si es ligero, hay algo de verdad en ello para ti. Se trata de ser consciente y destapar cualquier mentira que te hayas estado diciendo a ti mismo. Quiero sacar esta posibilidad para que la consideres, porque si es verdad para ti, y no lo reconoces, no vas a ver lo que es. Estarás funcionando desde una fantasía o desde el punto de vista de otra persona, y eso no te liberará.

Si decides trabajar con un consejero que puede ayudarte con problemas relacionados con el abuso sexual, te animo a encontrar a alguien que no tenga ideas fijas sobre el abuso. Trabajar con una persona libre de juicios le permitirá ver lo que realmente sucedió, porque, como demuestra esta historia, a veces elegimos crear abuso para evitar que el abusador maltrate a otros. Si eso es cierto de ti y estás trabajando con un consejero cuya actitud es "Eso fue terrible, eso fue horrible, que nunca debió haberte sucedido", creará una torsión en tu universo. No serás capaz de ver la experiencia por lo que realmente fue y no podrás liberarla por completo.

También es importante señalar que no todas las personas que experimentan abuso reaccionan de la misma manera. Hay muchos factores diferentes que determinan cómo las personas responden al abuso, incluyendo su temperamento, si le dijeron a un adulto en el momento, si les creyeron y reconocieron, y la duración y la severidad del abuso.

Hay algunos otros aspectos del abuso sexual que es útil tener en cuenta. Por ejemplo, ser tocado y acariciado se siente bien para el cuerpo, y muchos niños se alejan del abuso sexual con vergüenza y culpa. Ellos saben que estuvo mal, saben que el abuso no debería haber sucedido, y dicen, "Pero lo disfruté". Por supuesto parte de ellos disfrutó, porque los cuerpos aman el tacto. Es estimulante y los niños son muy sensuales. ¿Alguna vez has visto a un bebé? Una vez fui a una fiesta y había un bebé de dos meses de edad en los brazos de su madre, siendo amamantado. Una de sus manos estaba en el pecho de su madre, y la otra sostenía su pequeño pene. Estaba tan contento por las maravillosas sensaciones en su cuerpo. ¡El gozo de ese pequeño bebé! Nuestros cuerpos aman la sensibilidad. Por lo tanto, si fuiste abusado sexualmente y disfrutaste de cualquier parte de ello, por favor no te juzgues por eso.

Otro aspecto del abuso sexual que puede ser confuso se relaciona con nuestra capacidad de percibir los sentimientos, pensamientos y emociones de otras personas. Los perpetradores de abusos sexuales son conscientes de que lo que están haciendo está mal, y a menudo llevan una sensación de vergüenza o juicio, por no mencionar otras emociones complicadas. Los niños suelen identificar erróneamente esos sentimientos como propios. No son capaces de deshacerse de ellos hasta que reconocen que esos sentimientos, pensamientos y emociones no eran de ellos para empezar.

**El autoabuso.** Generalmente pensamos en el abuso como algo que una persona hace a otra, pero una de las formas de abuso es autoabuso o autolesión. Te cortas, te haces morir de hambre, te privas a ti mismo, te impones estándares muy altos y rígidos, o te castigas de alguna manera. La adicción es un ejemplo clásico de autoabuso. El autojuicio es también una forma de abuso de uno mismo, porque el núcleo del abuso siempre consiste en disminuir o devaluar el cuerpo o el ser y eso es exactamente lo que el autojuicio hace. Puede ser diciendo cosas malvadas hacia ti como: "Me odio a mí mismo", "Soy estúpido", "Mi cuerpo es feo y gordo", "Me veo tan viejo", o cualquier otra cosa que te disminuya a ti o a tu cuerpo. Mientras podrías haber ido más allá con otras formas de abuso, ésta todavía podría ser muy activa para ti. Te animo a ser consciente de cómo te tratas a ti mismo. El autoabuso puede ser una de las formas de abuso más destructivas que existe, y tiende a encerrar a la gente en su comportamiento adictivo o compulsivo.

**Abuso financiero** es otra forma de abuso que a menudo no se reconoce. Tenía una cliente cuyos padres tenían fondos suficientes, pero cuando ella tenía diez años, le dijeron que era responsable de pagar su parte de los gastos de la casa y la enviaron a trabajar doce horas recogiendo verduras con trabajadores migrantes. Reconozco que hay momentos en que los padres no tienen suficiente dinero, y los niños están obligados a trabajar, pero ésta no fue una de esas circunstancias. Se hizo para disminuir a la chica y hacerle saber que no valía la pena apoyarla.

La diferencia entre el abuso financiero y la falta de recursos radica en la intención, la energía y la actitud de los padres. Cuando los niños saben que son amados y cuidados, no asumen la idea de que no son merecedores e inútiles. Pero cuando están expuestos a comentarios como, "Nos estás costando demasiado dinero" o "Eres una carga financiera real para nosotros", pueden acabar con una idea distorsionada de su valor básico.

El abuso financiero crea estragos en la forma en que la gente piensa sobre el dinero y refuerza la idea de la escasez. Pero más que eso, porque el dinero está tan conectado con nuestra idea del valor de las cosas, los niños que han sido abusados financieramente llegan a la conclusión de que no tienen valor y que incluso sus necesidades básicas cuestan demasiado.

**Abuso espiritual.** Si te han dicho que tenías que creer en una determinada religión o aceptar ciertas creencias o maneras de ser, esto ha sido un abuso espiritual. ¿Te han dicho que ibas al infierno o que te equivocaste a los ojos de Dios? Eso ha sido abuso porque no te honraba. Mi punto de vista es que cualquiera que sea un verdadero amigo y una persona útil en tu vida te alentará a elegir el camino espiritual o religioso que te gustaría seguir. El que es adecuado para ti. Puedes elegir tu sistema de creencias. Si quieres ir a la consciencia y a la toma de conciencia, puedes elegir eso. Si quieres ir con una religión tradicional, puedes elegir eso. Si eliges no tener ninguna religión, eso también está bien.

Nadie tiene derecho a decirte en qué debes creer y que te equivocas si no compartes sus creencias.

## Algunos factores que influyen en los efectos del abuso

Al principio de mi carrera, trabajé en un hospital psiquiátrico con niños que habían sufrido abuso. A menudo habían sido abusados sexualmente. Encontramos en estos casos, y esto también se observa en la investigación, que los niños se recuperaron mucho más rápidamente si, después de que los padres se enteraron del abuso, inmediatamente presentaron cargos en contra del perpetrador y ayudaron al niño a ver que no era su culpa; el niño no había hecho nada malo y no merecía ser tratado de esa manera. Cuando esto ocurría, los niños podían superar el abuso, incluso si había sido extremo. Pero si nadie reconoció el abuso, si el niño le dijo a un padre y el padre no hizo nada, o si un padre estaba involucrado en el abuso o le dijo al niño que él o ella lo estaba inventando, entonces los efectos de ese abuso se volvieron mucho más severos.

Tal vez fuiste abusado y nunca le dijiste a nadie acerca de lo que experimentaste. O tal vez le dijiste a alguien, pero no te creyeron. Nadie dijo: "No merecías que te trataran así, y voy a hacer todo lo que pueda para protegerte de ahora en adelante". O tal vez le dijiste a alguien, y esa persona dijo, "Supéralo. Eres demasiado sensible" o "Te lo estás inventando" o "Tal y tal nunca haría las cosas que estás diciendo" o "Te lo merecías. Fue tu culpa. Eres una chica mala o un chico malo". Esos tipos de respuestas aumentan y prolongan los efectos del abuso y te inculpan creando la disminución que hace que el comportamiento adictivo y compulsivo sea una opción más atractiva.

## El abuso afecta a tu cuerpo y a tu ser

Tu cuerpo y tu ser están íntimamente conectados, así que no importa la forma que el abuso toma, tanto el cuerpo como el ser se ven afectados. Por ejemplo, las consecuencias del abuso verbal o psicológico a menudo son evidentes en los cuerpos de las personas. Tienden a deambular viéndose físicamente disminuidos, con los hombros agachados o encorvados. Puede parecer que quieren desaparecer. Y las personas que han sufrido abusos físicos a menudo se ven afectadas emocional y psicológicamente. Puede que estén reprimiéndose o sean reacios a hablar. Puede que no tengan confianza en sí mismos.

Para muchas personas, la respuesta al abuso es decidir: "No puedo confiar en otras personas. No tengo el poder para detener el abuso. No puedo ser yo sin levantar un montón de barreras y construir una fortaleza. No estoy seguro de querer ser yo de todos modos, porque obviamente *yo* no valgo nada; de lo contrario, no me habrían tratado así en primer lugar. La gente no va a ser bondadosa conmigo. Tal vez deba tomar cualquier relación, cualquier situación, cualquier trabajo que me venga, porque es todo lo que un perdedor como yo se merece. Sé que esta persona no va a ser bondadosa conmigo, pero cualquier atención, incluso si es mala atención, es mejor que ninguna atención en absoluto". ¿Puedes ver dónde estas decisiones y conclusiones crean un ambiente psicológico y emocional donde la adicción puede parecer una opción acogedora?

Una de las razones por las que el abuso consigue semejante agarre en nosotros es que a menudo comienza muy temprano, antes de que tengamos el concepto de que la vida puede ser otra cosa que no sea abusiva. Pensamos que el abuso es normal. Aquí hay un dato interesante sobre el abuso: las personas que no fueron abusadas como niños raramente crecen siendo adultos que son abusados. Los adultos que no han experimentado abuso cuando niños son mucho más aptos para reconocer y rechazar a una persona o situación abusiva porque no se siente "normal" para ellos, de la manera en que lo hace para alguien que fue abusado de niño.

Tuve una clienta que vino un día y dijo: "No lo entiendo. Sigo atrayendo a hombres abusivos en mi vida".

Yo respondí: "No es que atraes a hombres abusivos. Los hombres abusivos buscan un lugar para asentarse. Van con Betty, luego con Sarah, Mary y Ellen y Betty, Sarah, Mary y Ellen, dicen "¡De ninguna manera voy a estar contigo!"".

Entonces, el tipo abusivo va hacia ti, y tú dices, "¡Claro, entra!". Ha encontrado su blanco. Las personas que buscan una relación abusiva están buscando a alguien que acepte a una pareja abusiva.

## Se trata de tener claro lo que es

Mientras reflexionas sobre este resumen de las formas más comunes que el abuso toma, te animo a que mires cualquier abuso que puedas haber experimentado y que preguntes:

- Como resultado de este abuso, ¿a qué decisiones, juicios y conclusiones he llegado acerca de mi vida, mi futuro, y lo que era posible para mí?
- ¿Cómo ha afectado el abuso mi vida, mis relaciones y mi cuerpo?

El primer paso para trascender el abuso se trata siempre de reconocer el abuso que ocurrió. No se trata de vivir en el pasado, no se trata de enfocarse en cómo has sido víctima, y no se trata de explicar por qué no puedes tener la vida que te gustaría tener. Siempre puedes trascender el abuso y sus consecuencias, pero tienes que tomar una elección consciente para hacerlo. En el siguiente capítulo, hablaré sobre estos efectos secundarios y algunas maneras en que puedes comenzar a trascender el abuso.

## 7

## Trascendiendo el abuso

*Si reconoces algunos de los signos y síntomas del abuso en ti mismo, espero que eso te anime a hacer preguntas y echar un vistazo nuevo de cómo el abuso del pasado puede estar ligado a tu comportamiento adictivo o compulsivo.*

Ocasionalmente, cuando estoy trabajando con alguien que tiene una adicción y pregunto sobre el abuso, él o ella dirá: "Oh, sí, fui abusado, pero eso ya lo he resuelto".

Yo respondo, "Si realmente has resuelto el abuso, probablemente no estarías teniendo los problemas con la adicción que todavía estás teniendo".

Cuando tomas una decisión como: "Eso ha concluido, eso está hecho", eso te saca de la pregunta, y la cosa que te dará la mayor libertad del abuso, o de cualquier otra cosa que te limite, es la disposición de estar en la pregunta.

Otro punto de vista que impide que las personas trasciendan el abuso que experimentaron está relacionado con el hecho de que algunos abusos son sutiles, y cuando eso ha sido una parte continua de la vida de una persona, empieza a parecer "normal". Es difícil verlo por lo que es. Por lo tanto, en este capítulo, me gustaría abordar el abuso desde una perspectiva diferente y hablar sobre las señales y los síntomas que indican que el abuso ha estado presente en la vida de una persona. Si reconoces algunos de estos signos y síntomas en ti mismo, espero que te anime a hacer preguntas y echar un nuevo vistazo a cómo el abuso puede estar ligado a tu comportamiento adictivo o compulsivo.

## Reconociendo los signos y síntomas del abuso

**Sobrevivir en lugar de prosperar.** Uno de los signos de abuso en el pasado es sobrevivir en lugar de prosperar. Sobrevivir es centrarse en sólo pasar el día, la semana o el mes. Siempre hay una ansiedad acerca de la vida – porque la idea de la supervivencia es que quizás no la consigas. Sobrevivir es no saber si vas a estar a salvo en el mundo. Es no saber si puedes confiar en ti mismo. No hay una sensación que el universo te esté apoyando o que la vida sea abundante. Tienes una existencia bastante estéril y contraída. Si estás sobreviviendo, es posible que para nada tengas mucho gozo en tu vida, porque el gozo se considera un lujo.

Prosperar es saber que puedes crear la vida que deseas tener. Se trata de la expansión, el gozo y la sensación de que todo es posible. Prosperar no se trata de tener un número enorme de cosas. Se trata de saber que el universo es un lugar abundante y amigable. Se cita a Einstein diciendo, "La pregunta más importante para la gente es '¿El universo es amigable?'" Sobrevivir tiene por respuesta que *no*. Prosperar es saber que la respuesta es que *sí*.

Así que, por favor, mira si estás prosperando o simplemente sobreviviendo.

**Verse a uno mismo como el efecto de otras personas y circunstancias.** Una de las cosas que he descubierto, y esto concuerda con la idea de sobrevivir frente a prosperar, es que las personas que han sido abusadas tienden a verse a sí mismas como el efecto de otras personas y circunstancias. Esto no es difícil de entender si eres un niño que está simplemente paseando alegremente y de pronto te están golpeando, abusando sexualmente, o criticado cruelmente. Este tipo de trato, cuando ocurre durante un período de tiempo, te anima a que te veas a ti mismo como el efecto de las personas o cosas en tu vida, en lugar del creador de tu experiencia.

por Marilyn Maxwell Bradford

A veces, cuando hablo con personas que se ven a sí mismas como el efecto de la vida, me parece que son como una pelota de playa en el medio del océano durante una tormenta, en el que no tienen sensación de estar en control de ningún aspecto de su existencia. Es como si estuvieran siendo lanzadas de una ola a la otra. No están conscientes de que pueden influir en su vida o en su futuro de alguna manera.

Los niños no tienen el control de sus vidas que los adultos tienen, y muchos adultos que fueron abusados cuando eran niños puede que todavía funcionen desde la posición de que no tienen control. Permíteme hacerte una pregunta: ¿Sabes, en cierto grado, que puedes tomar elecciones que van a cambiar tus circunstancias y crear un futuro que realmente te gustaría tener? ¿O estás atrapado en la idea de que la vida te sucede?

A veces, cuando hago esta pregunta, la gente dice, "Vaya, ni siquiera me di cuenta de que estaba atascado en esa idea." Por eso quiero traerlo a tu atención. Si te ves a ti mismo como el efecto de las personas y las situaciones, eso te impide crear el futuro que deseas. Siempre estás mirando para ver lo que va a suceder, cómo eso va a afectarte, y qué elecciones u opciones limitadas están dentro de ese marco restringido de referencia. Un enfoque mucho más positivo y productivo sería: "Puedo estar consciente. Puedo ser el creador de mi vida".

Cuando ser el efecto de otras personas y circunstancias se convierte en una manera fundamental de estar en el mundo, esto a menudo conduce a un comportamiento adictivo o compulsivo. Habitualmente eliges ser el efecto de una sustancia o un comportamiento, en lugar de estar presente y lidiar con las situaciones y circunstancias de tu vida. Revisa para ver cómo eso está funcionando en tu vida y nota cuando te haces a ti mismo el efecto de una sustancia o comportamiento con el fin de evitar algo. En lugar de hacer eso puedes preguntar, "¿Cómo podría yo cambiar esto?" o "¿Qué se necesitaría para elegir algo diferente en esta situación?".

Recientemente, una amiga mía descubrió que su padre tenía cáncer terminal. La mayoría de la familia entró en el trauma, el drama y el dolor de la situación, pero mi amiga hizo la elección de no hacer eso. Ella eligió traer tanto gozo, facilidad y felicidad como pudo a su padre y a los últimos días de la familia con él. Debido a su elección, la familia fue capaz de entrar en un lugar que giraba en torno a la gratitud por su padre. El padre fue capaz de recibir todos los agradecimientos de cuánto significaba él para la familia, y nadie tuvo que vivir en un lugar de "Esto es horrible y terrible". Todos experimentaron gozo y paz en los últimos días del padre.

Durante la gran depresión de la década de 1930 en los Estados Unidos, mucha gente decidió: "Esta es una situación terrible. Voy a ser pobre. Soy el efecto de estas circunstancias". Pero hubo un número de personas que se volvieron fantásticamente ricas durante la depresión porque se negaron a estar al efecto de la economía en depresión. No eran personas que empezaron con riqueza; más bien, eran personas que estaban dispuestas a buscar posibilidades que no existían antes. Vinieron de un lugar de saber que podían generar y crear algo más allá de lo que todos los demás habían elegido de estar a merced de. En cierto nivel, hicieron preguntas como: "¿Qué es posible aquí?" y "¿Qué se necesitaría para hacer dinero?".

Cuando no estás dispuesto a estar al efecto de las circunstancias, te ves a ti mismo como el creador o la fuente de tu vida.

**Ser una víctima.** Verse a sí mismo como una víctima está estrechamente relacionado con estar al efecto de los demás. Entiendo que hay momentos en que parece que has sido víctima del comportamiento de otra persona o alguna circunstancia en tu vida, pero te animo a no comprarte ser "víctima" como una identidad o seguir usando tu experiencia pasada como una excusa para no presentarte en tu vida.

**Ser un elefante en una cristalería.** Un elefante en una cristalería es una persona que se estrella en todo. Estas personas no hacen caso a los demás, y dejan una gran cantidad de cristalería rota a su paso. Esto puede ocurrir cuando alguien responde al abuso al decidir, "Este mundo es abusivo y voy a estar tan despreocupado de los demás como ellos lo han estado conmigo". El elefante en la cristalería es el otro lado de ser una víctima. Ambos son posiciones solidificadas desde las cuales una persona elige actuar. Ninguna de esas actitudes ofrece la libertad de haber superado el abuso.

**La hipervigilancia.** Cuando estás hipervigilante, estás en un estado constante de sobre marcha físicamente. Es como el estado en el que estarías si un animal salvaje te persiguiera. Es como si el mundo fuera peligroso, y estás en constante vigilia de amenazas para tu supervivencia. La hipervigilancia no es consciencia, y es muy duro para tu cuerpo. El antídoto para la hipervigilancia es la voluntad de ser consciente.

**TEPT.** Otro signo o síntoma de abuso es lo que en la psicología se llama TEPT, trastorno de estrés postraumático. En el TEPT, las energías de los eventos traumáticos se bloquean en el cuerpo y el cerebro. Las personas con TEPT tienen recuerdos de eventos altamente traumáticos por los que han pasado. Viven el pasado como si fuera recurrente en el presente, una y otra vez. Tienden a estar emocionalmente desconectados de los demás y llevan consigo un sentimiento de estar siempre en peligro. Y a menudo acuden a un comportamiento adictivo o compulsivo para encontrar algún alivio del dolor.

Hay muchas maneras efectivas de lidiar con el trastorno de estrés postraumático. Una de las acciones más valiosas que he descubierto combina dos procesos corporales de Access Consciousness, hechos por un facilitador de Access Consciousness, las barras y sistemas de secuencia trifásicos.[9]

Hay una mujer en Australia cuyo marido había estado involucrado en combate como parte de una fuerza de operaciones especiales en la Armada australiana. Tuvo bastante estrés postraumático y a veces se activaba en sus sueños y comenzaba a golpearla en medio de la noche. Ella empezó a hacerle barras con sistemas de secuencia trifásicos y él recibió tanta paz y alivio que sus compañeros soldados empezaron a preguntarle: "¿Qué estás haciendo? ¡Estás tan diferente!".

Cuando les dijo que su esposa estaba activando algunos procesos en él, se interesaron mucho, y ella terminó haciendo estos procesos en cada individuo en toda la división y creó un enorme cambio para ellos.

---

[9] Si estás interesado en saber más acerca de esos procesos para cuerpo puedes localizar a un facilitador de Access Consciousness en tu zona a través de la página web de Access Consciousness indicada al final del libro.

**Estar atrapado en la idea de que no eres lo suficientemente bueno.** Otra característica de las personas que han sido abusadas es que no ven qué regalo y contribución son ellos para el mundo. Incluso si otras personas pueden ver el potencial que tienen o el regalo que son, el individuo que se experimenta a sí mismo como no suficientemente bueno no puede recibir esa información. ¿Es eso cierto para ti? Si es así para ti, tienes que saber que la idea de que no eres lo suficientemente bueno es simplemente otro juicio arbitrario que refuerza lo erróneo de ti. Es una creencia desde la que estás operando, y es probable que se deba al abuso que sufriste.

Tus juicios sobre ti mismo no son una verdad sobre ti y pueden ser cambiados.

Estos son algunos de los signos que indican que el abuso ha estado presente en tu vida. Si reconoces alguno de estos signos o síntomas en ti mismo, eso puede indicar que sigues experimentando las consecuencias del abuso en tu vida.

## Algunas cosas que puedes hacer para trascender el abuso

### Asegúrate de que el abuso no sigue ocurriendo

Si ha habido abuso en tu pasado, es probable que estás eligiendo estar con personas abusivas en el presente, porque eso es lo que parece normal para ti. Por ejemplo, puedes recibir abusos verbales continuos de tu pareja, compañeros de trabajo, amigos o miembros de tu familia.

Una de mis clientes, una mujer a la que llamaré Susan, vivió abuso verbal y emocional en su niñez. Inicialmente no era consciente de que una consecuencia del abuso en su vida adulta era que había escogido "amigas" que la estaban degradando. Esto no significa que estas personas no tuvieran algunas buenas cualidades o que Susan no se divirtiera con ellas, pero estas "amigas" siempre parecían encontrar una manera de hacerse lucir mejor que Susan y dejarla sintiéndose "menos que". Cuando Susan finalmente se dio cuenta de que el comportamiento de ellas era abusivo, ella fue capaz de honrarse a sí misma al dejar ir estas, por así llamarlas, amistades. Esto fue angustiante para ella al principio, ya que no tenía muchos otros amigos, pero gradualmente comenzó a invitar a gente a su vida que no la juzgaba. Estos eran verdaderos amigos, que la honraron y la apoyaron y celebraron sus victorias y éxitos.

Echa un vistazo a tu vida en este momento:

- Las personas en tu vida ¿te apoyan y te empoderan de verdad? ¿O te juzgan?
- ¿Te están humillando o disminuyendo de alguna manera?

Si tienes a alguien en tu vida que es abusivo, puedes tomar la elección de reconocer ese hecho y de mantener tu relación con él o ella, pero mi sugerencia es que consideres alejarte de esa relación, cualquiera que sea.

A veces la gente justifica el abuso de ti señalando todas sus maravillosas características o las cosas buenas que han hecho. Por favor, no te dejes atrapar en la trampa de comprar su justificación. El abuso es abuso, incluso si hay algunos aspectos positivos en una relación. No tienes que quedarte en una relación en la que estás mirando las formas en que lo bueno compensa lo malo. Ya sea si la situación es con un amigo, con un miembro de la familia o con alguien más, te animo a salir de la situación abusiva tan pronto como puedas. Nunca hay una razón o justificación para permitir que alguien abuse de ti.

## Haciendo de la bondad algo que observes activamente

Si te das cuenta de que has gravitado hacia personas que son abusivas, por favor, tienes que saber que puedes elegir cambiar eso. El primer paso podría ser empezar a notar cómo la gente se trata mutuamente. Observa las relaciones que son muy diferentes de las que estás acostumbrado. Fíjate en las personas que son cuidadosas. Pregunta a otras personas, "¿A quién conoces que sea bondadoso? ¿Cómo sería eso?". Pregunta al universo: "Me gustaría conocer a algunas personas que son verdaderamente solidarias, algunos verdaderos amigos. ¿Qué tomaría eso?" y empieza a buscar eso.

También puedes ver ejemplos de bondad y cuidado al ver la televisión y las películas o leer libros. Haz que la bondad sea algo que observes activamente. Entonces puedes hacer de eso algo que buscas. Eso puede sentirse poco familiar e incluso incómodo por un tiempo, pero todavía puedes hacerlo un objetivo, y puedes cambiar la energía que ha creado el abuso actual en tu vida. Y aquí está la línea final: sabes en cierto grado, incluso si lo has negado, si alguien está siendo bondadoso o abusivo hacia ti. Así que, ve con lo que sabes.

## Si el abuso ya no está pasando, reconoce que se acabó

Ahora estás en un lugar diferente. Suena tan lógico, pero mucha gente no lo entiende. Actúan como si el abuso siguiera sucediendo. Continúan funcionando desde un lugar hipervigilante. Una vez que te permites saber que el abuso en realidad ha terminado, es como abrir una puerta a un futuro diferente.

## Mira si quizás estás invitando abuso

Si el abuso continúa en tu vida, hay algo más que mirar. Puede que esto no sea una pregunta fácil de hacerte a ti mismo, pero es vital: ¿Estás invitando abuso en tu vida? Sólo porque hayas sido abusado no significa necesariamente que todo el mundo ahí fuera te persigue. A veces, las personas que han sido abusadas, en realidad crean e invitan abuso.

Muchas veces las personas que provienen de infancias abusivas crean, consciente o inconscientemente, las mismas circunstancias abusivas en sus matrimonios u otras relaciones. No estoy tratando de culpar a la víctima aquí, pero es importante mirar si estás recreando el abuso que una vez experimentaste. No se trata sólo de la clase de personas con las que creamos relaciones. También se trata de lo que les contamos y les enseñamos, energéticamente y con palabras, sobre cómo deben tratarnos.

Trabajé con un cliente que se había divorciado recientemente. Le pregunté por qué dejó a su esposa. Él dijo: "Nunca he golpeado a nadie en mi vida. Mi exesposa había estado en tres relaciones físicamente abusivas con hombres antes de conocerme, y ella se mantuvo enérgica y verbalmente provocándome a golpearla. Era como si ella fuera a probar que esto es lo que hacen los hombres, abusan de las mujeres. El día que levanté hacia atrás mi puño para golpearla, me paré y salí de la casa. Ese fue el final del matrimonio".

## Hacer preguntas

Haz muchas preguntas acerca de las conclusiones y decisiones a las que has llegado sobre el abuso. Cuestiona los sistemas de creencias que has comprado de las personas que te rodean. Pregunta:

- ¿Son las conclusiones, las decisiones y las creencias a las que he llegado sobre el abuso en realidad mías o le pertenecen a otra persona?

De esta manera, se puede ver lo que es cierto para ti. Y eso es importante.

Otra pregunta que te animo a hacer es:

- ¿Qué regalo he recibido por el abuso que experimenté?

Esto es un poco como la pregunta, "¿Qué está bien de tu adicción?". Cuando empiezas a ver los aspectos positivos y negativos de algo, te abres a más posibilidades. Mira lo que ese abuso creó que no te ha sido útil. Pero también mantente abierto a lo que esa experiencia está facilitando para ti y para otros en el mundo.

- ¿Te ha dado tu experiencia de abuso la consciencia necesaria para crear una diferencia en el mundo?
- ¿Te ha hecho una persona más fuerte?
- ¿Has demandado de ti mismo hacer algo para asegurarte que no les suceda a otras personas?
- ¿O has hecho una demanda de ti mismo para tratar siempre a los demás con honor y respeto, que es la forma en que deberías haber sido tratado pero no lo fuiste?

Hazte estas preguntas y otras que se te puedan ocurrir. Puedes descubrir que había un regalo completamente inesperado en el abuso que experimentaste.

## Practica decir que *no*

Lo que muchos niños aprenden de cualquier forma de abuso es que no están en control de sus vidas. Están bajo el efecto de otros, y no tienen derecho a decir que *no*. ¿Es esto cierto para ti? ¿Todavía tienes dificultades para decir *no*? ¿Crees que no tienes derecho a decir que *no*? ¿Sabes qué? Tú, sí. Puedes decir *no* en una variedad de maneras. Es algo que se puede practicar y llegar a ser bueno en ello.

Haz que sea un hábito decirle que *no* a alguien o algo cada día. Puede ser una cosa pequeña, y puede ser educado. En un restaurante, puedes decir, "No, gracias. No creo que tome más café". Puedes responder a una invitación con "No, gracias, no estoy interesado en ir a ver esa película". Puedes decir que *no* a una petición, "No, no seré capaz de pasear a tu perro mientras estás fuera". O puedes decir *no* a ti mismo, "No, no voy a tomar más helado".

Otra forma de decir *no* es afirmando, "Lo siento, eso no funciona para mí". Esto no requiere que te enfrentes a la otra persona o la pongas a la defensiva. No le debes a nadie una explicación por tus respuestas, y si alguien intenta presionarte para que te expliques, puedes seguir diciendo, "Lo siento, eso no funciona para mí". Uno de los mayores errores que cometemos es creer que debemos a las personas explicaciones, razones y justificaciones por nuestras respuestas, especialmente si los estamos rechazando. Pero ésta es la verdad: no lo debes.

"Lo siento, eso no funciona para mí" puede no ser lo suficientemente poderoso como para detener a ciertas personas, y es cuando sólo tienes que salir y decir, "No, no voy a hacer eso". Sino, "Lo siento, eso no funciona para mí" es un buen lugar para empezar. Pruébalo y ve lo que puedes hacer con eso.

También puede ser útil jugar o practicar diciendo *no* delante de un espejo. "No, mamá, no voy a volver a casa para Navidad este año". "No, no voy a invitar a esa gente hoy. No funciona para mí". Si tienes un amigo que te apoya y no juzga ni critica, pídele que practique o juegue estos roles contigo. No es decir *no* de un lugar de aferrarse a ello, pero desde el sentido de que tienes una elección real.

La capacidad de decir que *no* es crucial para que te muestres como tú mismo – y es crucial para superar la adicción, porque también incluye (al menos al principio, mientras todavía estás trabajando en ello) decir *no* a las circunstancias que sabes que pueden desencadenar tu comportamiento adictivo o compulsivo.

Estuve trabajando con una clienta que tenía problemas con comer en exceso y compulsivamente, y estuvo muy bien durante unas tres semanas. Entonces, un día me envió un correo electrónico indicando que ella había fracasado totalmente y se estaba juzgando terriblemente porque había ido a una fiesta y se dio un atracón. Cuando le pregunté sobre las circunstancias, me dijo que sabía de antemano que cada elemento de la fiesta ofrecía un detonante para que ella se diera un atracón: los tipos de comida, las cantidades de comida y las personas que estaban allí. Lo que resultó de eso fue una toma de consciencia por su parte de que, en las primeras etapas de trabajar en sus problemas con la comida, no era práctico o amable ponerse en situaciones con alimentos que la provocarían. No te condiciones para el fracaso. Tu comportamiento adictivo o compulsivo ha estado contigo durante mucho tiempo, así que date el tiempo, el espacio y el entorno que necesitas para superarlo. Esto puede implicar decir *no* a las circunstancias que podrían disparar tu gatillo.

## Escucha los CDs y grabaciones de las clases sobre el abuso

Una serie de CDs y clases grabadas respecto a eliminar los problemas de abuso están a la venta en la tienda de Access Consciousness.[10] Muchas personas han recibido una enorme sanación y cambio gracias a ellos. Te animo a utilizar la herramienta pesado/ligero para ver si estos son algo que podría ayudarte a despejar problemas de abuso en el pasado.

## Recibe trabajo corporal

A muchas personas que han sufrido abuso, particularmente abuso físico o sexual, no les gusta que sus cuerpos sean tocados. Pero cuando te sientas preparado para ello, considera la posibilidad de recibir un poco de trabajo corporal que se sienta bien para ti y para tu cuerpo. Puede ser muy útil y sanador para ti, porque cuando experimentamos abuso, tendemos a encerrarlo en nuestro cuerpo.

He utilizado los procesos de cuerpo de Access Consciousness para ayudarme a liberar el dolor y los efectos secundarios del abuso, y los recomiendo, pero hay muchas otras modalidades también. Encuentra uno que realmente funcione para ti.

---

[10] El sistio de internet de Access Consciousness está incluida en la sección de "recursos" al final del libro.

## Destruye y descrea el pasado

Aquí hay otra cosa simple pero muy poderosa que puedes hacer: usa el enunciado aclarador para destruir y descrear tu pasado. Imagina lo liberador que sería destruir y descrear todo el equipaje, las decisiones, creencias y otras formas de juicio que has forjado de tus experiencias pasadas, incluyendo abusos pasados. Si estás dispuesto a dejar ir tu pasado, puedes tener un futuro completamente diferente.

Cada mañana y/o cada noche, simplemente di:

> Todo con lo que me he alineado y he estado de acuerdo y que he resistido y reaccionado a ello antes de este momento, todo lo que he solidificado y hecho real, ahora lo revoco, retracto, rescindo, reclamo, renuncio, denuncio, destruyo y descreo todo eso. Acertado y equivocado, bueno y malo, POD y POC, todos los 9, cortos, chicos y más allás.

Tienes que saber que no puedes destruir y descrear cualquier cosa que realmente es verdad. Lo que estás destruyendo y descreando son las mentiras, las no verdades, los juicios y los sistemas de creencias que adoptaste en el pasado que te están limitando en el presente.

## Herramienta: ese no soy yo

Una herramienta que puedes usar cuando te encuentras haciendo referencia al pasado y deseas volverte más presente es decirte a ti mismo, "Ese no soy yo". No eres la misma persona que cuando experimentaste el abuso. Incluso si estás hablando del pasado que fue hace diez o veinte segundos, no eres la misma persona que eras entonces. Has cambiado enérgicamente y el entorno también ha cambiado. Entonces, cada vez que notes que estás haciendo referencia al pasado, simplemente recuerda: "¡Oh! Ese no soy yo".

## Practica gratitud todos los días

¿Has notado que la energía de la gratitud es muy expansiva, mientras que la energía del resentimiento y la culpa es muy contractiva? Practicar la gratitud puede ayudarte a crear un futuro que sea muy diferente de tu pasado.

No estoy hablando de estar agradecido por tu salud u otras cosas grandes. Estoy hablando de encontrar cosas pequeñas y específicas por las que estás agradecido y decir por qué estás agradecido por ellas. Normalmente no recomiendo hacer preguntas con *por qué*, pero en este caso, ver aquello por lo que estás agradecido te da una indicación de lo que te importa. Y eso es buena información para tener. Cuando pones tu atención en las cosas por las que estás agradecido, te alejas del dolor y de los problemas, y creas una energía que te ayuda a avanzar hacia una vida más expansiva.

Por ejemplo, ayer estaba agradecida por recibir un correo electrónico de alguien que está dispuesto a traducir parte de mi trabajo al español, porque eso significa que puedo ir a México y compartir el trabajo que estoy haciendo. También estaba agradecida de que mis plantas están bien; me encanta sentarme en el patio con ellas. También puedes estar agradecido por el progreso que estás haciendo con tu adicción o comportamiento compulsivo. Puedes estar agradecido a ti mismo por no tomar ese cuarto cigarrillo o por abstenerte de tu costumbre habitual de criticar a tu hijo o a ti mismo.

Por lo general, se necesitan tres semanas para crear un hábito, por lo que te animo a trabajar activamente en esto durante al menos veintiún días, hasta que estar en agradecimiento se convierta en un enfoque más natural para ti.

**Practica actos aleatorios de bondad y cariño.** Otra cosa que puedes hacer es practicar actos aleatorios de bondad y cariño, tanto para ti como para los demás.

Una vez más, estos no tienen que ser cosas grandes. Sugiero que hagas cosas pequeñas, como sonreír al empleado de la tienda de comestibles,

por Marilyn Maxwell Bradford

recoger algo que se le ha caído a alguien, hacer contacto visual y saludar genuinamente a alguien, o tomarte media hora al día sólo para ti.

Hacer pequeños y amables actos como estos te lleva al presente y una de las cosas que te serán más útiles para trascender el abuso y la adicción es hacer todo lo que puedas para mantenerte presente. Hay algo acerca de sonreír a alguien, de acariciar a un perro, o prepararte una comida deliciosa y saludable para ti mismo que te ayuda a estar más presente. Y estar más presente permite más gozo y la posibilidad de avanzar más allá del abuso y la adicción.

# 8

## Adicción y cuerpos

*Nunca he conocido a nadie que estuviera completamente a gusto con su cuerpo que participara en comportamientos adictivos o compulsivos.*

Una vez le pregunté a un grupo de mujeres sobrias en un programa de recuperación tradicional cómo se sentían acerca de sus cuerpos. Me miraron como si estuviera loca. Su respuesta fue: "¿Por qué harías esa pregunta? De vez en cuando mi cuerpo me es útil, pero ¡uf! es algo en lo que no me gusta pensar".

Estuve en ese mismo programa de recuperación durante muchos años, y tenía el mismo punto de vista sobre mi cuerpo. Durante una gran parte de mi vida, no le presté ninguna atención. Era algo que comía, bebía, fumaba, y a veces lo hacía en exceso. De vez en cuando era una fuente de placer. A veces era una fuente de dolor, pero por lo general, era algo en lo que no pensaba, o peor aún, era juzgado y despreciado.

Cuando miro atrás hacia ese programa de recuperación, me doy cuenta que nunca se dijo nada sobre el cuerpo, excepto que tenía una alergia al alcohol. En otras palabras, mi cuerpo era parte del problema. Fue una de las razones por las que yo era "una alcohólica".

La noción de que el cuerpo es un problema o algo para ser despreciado e ignorado refleja mucho sobre la manera de pensar de nuestra cultura acerca de los cuerpos. Ya sea por influencias judeocristianas, el énfasis en la importancia de la mente, o algunos otros factores, los cuerpos tienden a ser relegados a una posición muy inferior. Son algo que tenemos que hacer mientras estamos en el planeta Tierra. Muchas tradiciones espirituales y religiosas en realidad hacen que el cuerpo sea inferior. Es considerado como la casa del espíritu hasta que el espíritu puede salir del cuerpo, ir a un lugar mejor, o convertirse en algo más grande. En nuestra cultura, también tendemos a asociar a los cuerpos con los animales, que son vistos como formas de vida inferiores.

¿Has descuidado tu cuerpo trabajando demasiadas horas, decidiendo que tu lista de cosas por hacer era más importante que dormir, comer en exceso o poner cantidades excesivas de alcohol en él? ¿Has participado en actividades que fueron perjudiciales para tu cuerpo?

Cuando te levantas por la mañana, ¿te miras en el espejo y juzgas tu cuerpo sin piedad? ¿Has pateado tu cuerpo debajo de la cama como algo que ignorar? ¿Has tratado a tu cuerpo de esa manera? Yo lo hice, hasta que me di cuenta del regalo que él era.

Parte del antídoto para la adicción, para que tú seas tú, es aceptar el cuerpo y todo lo que tiene para ofrecer. Así que, me gustaría hablar sobre nuestros cuerpos y lo que tienen que ver con la adicción y la recuperación.

## La adicción es dura para tu cuerpo

En primer lugar, en un nivel muy práctico, la adicción es dura para tu cuerpo. Cuando participas en cualquier tipo de comportamiento adictivo o compulsivo, no estás presente con tu cuerpo. No puedes recibir la información y la consciencia que tiene para ofrecerte. Y aquí hay un punto aún más importante sobre la adicción y los cuerpos: si estás desconectado de tu cuerpo, nunca podrás superar tu comportamiento adictivo o compulsivo. Lo más que serás capaz de hacer es manejar los síntomas en un programa de por vida. ¿Por qué es eso? Porque tu cuerpo es crucial para tu vida y para tu vivir. Tú y tu cuerpo no son lo mismo, pero están íntimamente conectados. Tu cuerpo puede ser tu pareja o tu mejor amigo. Pero si te desconectas de él, no puedes estar presente de una manera que te permita superar el comportamiento adictivo o compulsivo.

Pocas personas tienen la información y las herramientas que necesitan para conectarse con su cuerpo. Probablemente te enseñaron a ver tu cuerpo como un objeto. Nunca nadie te dijo que tu cuerpo es consciente. Bueno, me gustaría decirte ahora mismo que tu cuerpo *es* consciente. Tiene preferencias, deseos y puntos de vista. Tu cuerpo es el que come, es el que porta ropa, es el que requiere vivienda. Cuanto más estés conectado a tu cuerpo y cuanto más lo escuches, más armoniosas van a ser estas áreas de tu vida.

Todos somos conscientes de las comunicaciones de nuestro cuerpo cuando las experimentamos como dolor. El dolor es en realidad el último recurso del cuerpo para comunicarse contigo. A medida que te vuelves más consciente de tu cuerpo, te darás cuenta de que también se comunica contigo en formas más sutiles. Como esto es más enérgico que cognitivo, es un poco difícil de describir en palabras. Sin embargo, si estás dispuesto a practicar estar más presente con tu cuerpo, te encontrarás cada vez más consciente de la valiosa información que tiene para transmitirte a ti.

En algún momento, comencé a reconectarme con mi cuerpo. Todavía no estaba muy segura de cómo escucharle, pero estaba dispuesta a intentarlo. Estaba en una tienda muy bonita, y encontré una chaqueta vaquera en rebajas. Sólo fueron $20. Pensé, "¡Oh! ¡Esto es tan linda! Quiero esta chaqueta". Me probé la chaqueta, y en mi cabeza escuché, "Puedes comprarla, pero yo no la llevaré".

Mi primer impulso fue mirar alrededor de la habitación para ver quién dijo eso, pero en realidad, sabía que era una voz en mi cabeza y sabía que venía de mi cuerpo. Esa fue la primera vez que recibí un mensaje de mi cuerpo. Creo que se tradujo en un pensamiento para que pudiera oírlo. Ahora consigo los mensajes de maneras más sutiles. De todos modos, dije, "Está bien, no la compraré. ¿Qué vamos a hacer ahora?".

Mi idea era salir de la tienda, pero la energía decía, "No, no te vayas".

por Marilyn Maxwell Bradford

Dije, "Bien, cuerpo, esto es raro. ¿Hay algo aquí que te gustaría?".

Mi cuerpo dijo, "Sí". Esta vez la comunicación me llegó más como una energía.

Estaba paseando por la tienda, y de repente me paré frente a un par de pijamas rosas. Le dije: "¿Estás bromeando? ¿Un pijama rosa?" Nunca he sido una chica femenina, y nunca había usado nada remotamente como ese pijama rosa. Pero la energía de mi cuerpo dijo, "¡Sí!" así que lo compré.

Desde entonces he descubierto que a mi cuerpo le gustan las cosas de chicas. Mi cuerpo estaba contento de tener algo que realmente deseaba llevar. Durante tres años tuve esa pijama rosa hasta que se quedó hecha trizas.

He tenido muchas experiencias como esa con mi cuerpo, y han ido más allá de lo que mi cuerpo quisiera comer o lo que le gustaría llevar. Una vez que reconectes con tu cuerpo, te dará información sobre todo tipo de cosas. Una vez estuve en el aeropuerto esperando para ir a Europa; habíamos embarcado en un avión y estábamos todos instalados para despegar cuando anunciaron por el altavoz que había algún problema y que todos los pasajeros teníamos que desembarcar e ir a otra puerta para embarcar a un avión diferente. Mi cuerpo comenzó a dirigirme en la forma de una consciencia energética, y seguí esa energía. Él estaba diciendo, "Ve aquí, ve allí. No hagas eso. Ve al mostrador ahora". Mi cuerpo sabía lo que necesitábamos hacer para conseguir un asiento cómodo en el nuevo vuelo, que estaba en un avión más pequeño que tenía menos asientos con espacio decente para las piernas, y ya que seguí la energía, conseguimos uno de esos asientos.

Estos son sólo algunos ejemplos de las formas en que he reconectado con mi cuerpo. Desde entonces, he ayudado a muchas personas que tenían problemas con la adicción en el mismo proceso de reconexión con sus cuerpos.

## Escuchando a los expertos

A veces la gente me dice que están conectados con su cuerpo, pero lo que generalmente quieren decir es que han escuchado a un experto en dieta, un experto en ejercicios, o un experto en ropa con el fin de aprender lo que necesitaban imponer en su cuerpo. Algo así como 90 por ciento de los regímenes de dieta y ejercicio fallan. ¿Por qué pasa eso? Porque se trata de imponer el punto de vista de otra persona en *tu* cuerpo. ¿Y cuánto te juzgas como un fracaso porque intentaste esta dieta, régimen de ejercicio, régimen de cuidado de la piel, o lo que fuera para ti y no funcionó?

Ahora que escucho a mi cuerpo, no tengo que imponerle el punto de vista de nadie. No necesito dietas. A veces mi cuerpo dirá, "¿Podrías cortar un poco los carbohidratos?". No es tanto una voz; es una consciencia.

Si te conectas con tu cuerpo él te hará saber lo que requiere. ¿Qué tal si nunca tuvieras que depender de un experto de nuevo? ¿Estarías dispuesto a elegir eso ahora? Pido o recibo información de otros también, porque cada vez que vas a lo que el experto dice que es adecuado para ti sin consultar a tu cuerpo, te disminuyes a ti mismo y a tu saber, y te pones de nuevo en la energía de la adicción, donde la respuesta es siempre fuera de ti mismo. Otra vez te haces menos a ti mismo.

No estoy diciendo que no deberías escuchar lo que la gente dice o que debes ignorar la información que recibes. Mi punto es que no tienes que hacer a nadie más un "experto" e ignorar tu cuerpo. Por ejemplo, tu cuerpo podría decirte "Debes ir al médico". Así que vas al médico y ella te dice diez cosas que tienes hacer. Te sientas allí asintiendo con la cabeza arriba y abajo diciendo, "Ah-ha, ah-ha, sí, doctora".

No dices, "Lo siento, doctora, mi cuerpo no está de acuerdo con la quinta cosa" porque pensará que estás loco. Sólo di "Muchas gracias". Recuerda, en general, el médico depende de otros presuntos expertos. Ella tampoco va con lo que sabe.

Cuando salgas del consultorio del médico, pregunta a tu cuerpo, "Cuerpo, de esas diez cosas que nos dijo, ¿cuáles van a funcionar para ti?"

por Marilyn Maxwell Bradford

Tu cuerpo puede decir: "Uno, tres, y siete. El resto no funciona".

Tú dices, "Está bien".

Cuando regresas al médico y ella pregunta, "¿Cómo funcionaron esas cosas para ti?" puedes responder, "Uno, tres y siete funcionaron muy bien, el resto no tanto". No tienes que decir, "No los hice". Sólo tienes que jugar de acuerdo a lo que funciona para la situación, y debajo de todo eso, sabrás que escuchaste a tu cuerpo.

### ¿Cómo tratas a tu cuerpo?

Si tu cuerpo fuera otra persona con la que fueras muy cercano, ¿cómo actuarías hacia esa persona? ¿Estarías agradecido por él o ella? ¿Escucharías a tu amigo? ¿Reconocerías lo maravilloso que es? ¿Lo aceptarías como es y tal vez le harías preguntas sobre lo que mejoraría su vida o lo que le gustaría? ¿O serías crítico e intentarías que cambiara diciéndole que estaba equivocado aquí y estúpido allí?

Así es como nos enseñaron a tratar nuestros cuerpos. Muy pocas personas dicen: "Eres un gran cuerpo. Gracias por estar conmigo y apoyarme y hacer todas estas cosas maravillosas conmigo".

La primera vez que comienzas a comunicarte con tu cuerpo después de un largo período de ignorarlo, puedes recibir una respuesta hostil. Considera que esto en vista de un amigo al que has tratado mal durante años. Si de repente le llamas y dices, "Realmente me gustaría ser tu amigo", podría estar indeciso o sospechoso acerca de reanudar una relación contigo. Puedes pedir disculpas a tu cuerpo por ignorarlo y tratarlo tan descuidadamente. Puedes decir, "Cuerpo, siento haberte tratado tan mal durante tanto tiempo. Por favor, dame otra oportunidad. Vamos a ver si podemos seguir el camino correcto juntos". Tu cuerpo puede en realidad ser tu mejor amigo. Hace que el mejor amigo sea posible, porque ¿adivina qué? Siempre están juntos.

Cuando permites a tu cuerpo convertirse en tu mejor amigo, estás un paso más cerca de alejarte de cualquier tipo de comportamiento adictivo o compulsivo, porque a los cuerpos no les importan ese tipo de comportamientos. De hecho, nunca he conocido a nadie que estuviera completamente a gusto con su cuerpo que participara en un comportamiento adictivo o compulsivo. Esos comportamientos simplemente no ocurren cuando estás conectado a tu cuerpo, y tu cuerpo te apoyará a llegar a un lugar de elección con ellos.

## Estándares arbitrarios para los cuerpos

Muchas de las personas con las que trabajo caen en la trampa de tratar de hacer que su cuerpo encaje en los estándares arbitrarios actuales de cómo un cuerpo debería verse. Si eres de sexo femenino, se te ha hecho creer que necesitas ser delgada. Si eres de sexo masculino, está bien tener un poco más de peso mientras estés abultado y tengas músculos. Nunca se trata de aceptar tu cuerpo y celebrarlo; siempre se trata de conseguir que encuentres lo que está mal con tu cuerpo para que puedas comprar un programa, un libro, un alimento, un suplemento o un video de ejercicios. O tal vez se trata de conseguir la cirugía plástica, o las inyecciones de Botox para que encajes y finalmente te vuelvas feliz con la forma en que te ves, que por supuesto, nunca lo harás, porque encontrarás algo más que esté mal con tu cuerpo.

## Tu cuerpo sabe cómo quiere lucir

Tu cuerpo realmente sabe qué aspecto quiere tener. Hay un tamaño y una forma que le gustaría ser. ¿Estás imponiendo el ideal de alguien más en tu cuerpo? Si lo estás haciendo, te animo a que pares ahora mismo. Esto puede sonar extraño para ti, pero puedes preguntarle a tu cuerpo cómo desea lucir, y te lo hará saber. Sólo di, "Cuerpo, muéstrame qué aspecto quieres tener". Puede que no responda de inmediato, pero si estás dispuesto a seguir preguntando y ser consciente, un día cuando estás caminando por un sendero, alguien pasará, y tu cuerpo dirá, "¡Eso!". O una noche cuando estés viendo la tele, tu cuerpo dirá, "¡Ahí!".

Deja que tu cuerpo sepa que estás dispuesto a permitir que sea el tamaño y la forma que desea ser y trabajar con él para lograrlo. Imagina por un momento lo que sería tener un cuerpo que se sienta maravilloso, hermoso y feliz consigo mismo. ¿Se va a ver necesariamente como lo que las revistas de moda han definido como el cuerpo perfecto? Tal vez no, pero te vas a sentir tan bien que no importará. Y cuanto más feliz y más conectado estés con tu cuerpo, menos estarás atraído a participar en un comportamiento adictivo o compulsivo.

## Una visión sin juicio de tu cuerpo

Te invito a que intentes tomar una perspectiva diferente de tu cuerpo. Si estuvieras mirando tu cuerpo a través de los ojos de un gato o los ojos de un perro, que son los ojos de no juicio, ¿qué verías? ¿Estaría el gato pensando?: "Oh, ¡vaya! ¡Tu trasero es tan grande!" o "¡No puedo creer que no tengas ninguna peca!" o "Ugh, ¡tienes muchas arrugas!" No creo.

Una de las razones por las que es tan fácil estar cerca de los animales es que no tienen absolutamente ningún juicio sobre los cuerpos. ¿Te imaginas a una lagartija tomando el sol en una roca y diciendo?: "Mi vientre es desproporcionado para mi cola. Realmente debería hacer algo al respecto". Hay tanta permisión y gratitud por los cuerpos en la naturaleza. Y permíteme señalar algo: la adicción no existe en la naturaleza. Es una creación humana.

## Dolor

Cuando hablo de cuerpos, la gente a menudo me pregunta: "¿Y el dolor? Tengo mucho dolor".

¿Te imaginas que el dolor pueda ser una de las maneras en que el cuerpo se pone en contacto contigo, especialmente si lo has estado ignorando durante años? He descubierto que el dolor es el último recurso del cuerpo cuando no sabe qué más hacer. Trata de conseguir tu atención con un toque ligero y dices, "No, no sentí nada, uh-uh". Luego te empuja un poco, y dices, "Eso fue incómodo, pero creo que voy a seguir adelante y hacer un poco de ejercicio o voy a ayudar a este amigo de nuevo o beber un poco más, cualquier cosa para distraerme de mi cuerpo. No voy a prestar atención a ese pequeño empujón".

Finalmente, tu cuerpo recurre a darte dolor, y es porque no escuchaste sus comunicaciones más sutiles. El dolor es la manera en que tu cuerpo consegue tu atención. Cuando tienes lo que se llama dolor, y te animo a usar la palabra *intensidad* en su lugar, porque eso quita la connotación negativa. Pregunta:

- Oye, cuerpo, ¿qué toma de consciencia me estás dando que no he estado dispuesto a recibir?

Es posible que no obtengas una respuesta de inmediato, pero si continúas utilizando esa pregunta, eventualmente te permitirá tener esa consciencia.

Recientemente creé una gran cantidad de dolor de cuello, o intensidad en mi cuello. ¿Por qué digo que lo he creado? Porque no había estado dispuesta a escuchar los signos sutiles de mi cuerpo. En el momento en que la intensidad se hizo grande, supe que tenía que empezar a hacer preguntas y escuchar la respuesta de mi cuerpo. Cuando finalmente le pregunté a mi cuerpo sobre lo que estaba pasando, me di cuenta de que no había estado dispuesta a permitirle que tuviera la energía y el apoyo que requería para mantener el ritmo con todo lo que yo había estado haciendo. Cuando cambié mis hábitos y estuve dispuesta a tomar en consideración a mi cuerpo, la intensidad desapareció.

Si estás experimentando intensidad en tu cuerpo, te animo a seguir haciendo preguntas. En algún momento tendrás una toma consciencia de lo que podrías hacer para cambiar la situación. ¿Significa eso no usar medicamentos o no consultar con un médico? No. Pero casi siempre hay algo más que puedes hacer para acelerar tu recuperación y disminuir en gran medida la intensidad que estás experimentando.

por Marilyn Maxwell Bradford

## Sacar cosas de otros cuerpos

Tenía una clienta con una adicción al alcohol que no se estaba eliminando. Trabajamos juntas durante seis semanas, y nada se movía, lo cual era muy inusual. Finalmente le pregunté, "¿De quién es esta adicción?"

Ella miró sorprendida y luego respondió: "¡Oh! Es de mi madre".

Lo mismo puede ser cierto para la artritis, dolores de cabeza, o casi cualquier cosa que está sucediendo con un cuerpo. Esto no es difícil de entender si recuerdas que todo es energía. Tu cuerpo es energía. La mesa es energía. Los pensamientos, los sentimientos y las emociones son energía. La adicción es una energía. El cuerpo puede sacar todas estas formas de energía de los cuerpos de otras personas.

Por lo tanto, cuando percibes que algo sucede en tu cuerpo, se te recomienda que preguntes: "¿Es esto mío o de alguien más?" o "A quién le pertenece esto?". Si descubres que no es tuyo, devuélvelo a quien le corresponda. No estás ayudando a otras personas al tomar su enfermedad o condición física. No sanas su dolor al asumirlo. Cuando lo asumes, todavía está presente para ellos a nivel energético, pero tampoco pueden sanarlo, porque se la has quitado. Devolverlo a quien le corresponda le beneficia a todos.

## Comer y cuerpos

Tengo un programa llamado "¿Estás comiendo vivo o viviendo para comer?". La mayoría de las personas que se inscriben en este programa son conscientes de que no tienen una relación muy feliz con su cuerpo; la mayoría de ellos están luchando con él todo el tiempo. Hay un ciclo desagradable establecido que va así: quieren un pedazo de pastel de chocolate, así que comen un pedazo de pastel de chocolate, luego se enojan consigo mismos por comerlo. Entonces, con el fin de evitar los malos sentimientos que han creado juzgándose a sí mismos, vuelven y se toman otro pedazo de pastel de chocolate.

Al comienzo de este programa, les pregunto a los participantes de la clase qué les gustaría sacar del programa, y la mayoría de ellos dicen, "Me gustaría perder peso". Sólo unos pocos dicen que les gustaría tener una mejor relación con su cuerpo. Al final del programa, pregunto: "¿Estás contento con los resultados que tienes?". Es asombroso cómo responde la gente. En lugar de decir: "Me siento genial acerca de mi cuerpo porque he perdido peso", casi unánimemente responden con declaraciones como: "He perdido algo de peso, pero eso ya no me importa. Mi relación con mi cuerpo ha cambiado tanto. No lo juzgo tan duramente. Ahora me regocijo en mi cuerpo, y nos estamos divirtiendo mucho. Fuimos a nadar ayer y jugamos con los niños. Mi cuerpo me deja saber qué comer ahora, y lentamente puedo ver la manera en que está cambiando. Soy más alto. Me estoy poniendo más en forma. Soy mucho más consciente del mundo de mis cinco sentidos. Todavía me gustaría perder algunos kilos, pero eso ya no es lo que más ocupa mi atención. Se trata de tener gratitud por mi cuerpo y trabajar con él de una manera que nos honra a los dos".

Tu cuerpo es siempre un partícipe hasta algún grado en tu comportamiento adictivo o compulsivo. El cuerpo, al igual que el mundo natural, en realidad no resuena con la adicción o la compulsión. Tienes que separarte de él y anularlo con el fin de forzar su participación en la adicción. Cuanto más estés en contacto con tu cuerpo y cuanto más lo honres, más te ayudará a trascender tu comportamiento adictivo o compulsivo.

## Algunas cosas que puedes hacer para nutrir tu cuerpo

Aquí hay algunas cosas que mis clientes y yo hemos encontrado que son nutritivos para nuestros cuerpos. Probablemente tendrás tus propias cosas para agregar a esta lista, así que por favor, sigue preguntando a tu cuerpo lo que sería nutritivo para él. Tu cuerpo siempre está cambiando, por lo que puede tener diferentes respuestas cada vez que preguntes.

## Abrazos

Los abrazos, los abrazos reales, son muy nutritivos para un cuerpo. No estoy hablando de "abrazos de tienda de campaña" donde estás parado lejos y como que te inclinas hacia la otra persona para darle palmaditas en la espalda. Esos abrazos no se sienten casi nada. Y no estoy hablando de ponerse tieso, que es como abrazar una estatua de piedra. Tampoco estoy hablando de un abrazo que es una excusa para que alguien toquetee tu cuerpo. Estoy hablando de un abrazo que es una conexión genuina entre dos cuerpos. Hay tanto cuidado, conexión y cariño. Eso es un verdadero regalar y recibir para tu cuerpo.

## Masaje

El masaje puede ser otra forma de darle un regalo a tu cuerpo. Pregúntale a tu cuerpo, "¿Quieres un masaje o alguna otra forma de trabajo corporal?" Si lo quiere, pídele que te muestre al terapeuta corporal que le gustaría tener. No vayas inmediatamente a, "Éste es el terapeuta corporal más popular en mi zona" o "Este es el más barato". Pregúntale a tu cuerpo, "¿A quién te gustaría ir a ver?". Si es mucho dinero, dile a tu cuerpo, "Estoy feliz de llevarte a este terapeuta corporal, pero necesito ayuda para generar el dinero". Tu cuerpo puede ayudarte a hacerlo. Tu cuerpo es asombroso en lo que puede traer a tu vida, pero tienes que conectarte con él. Tienes que preguntarle.

## Las Barras de Access Consciousness[11]

Las Barras de Access Consciousness son un proceso para el cuerpo que puede ser increíblemente nutritivo para él. Muchos de mis clientes han encontrado que tienen menos deseos de participar en su comportamiento adictivo o compulsivo después de sólo unas cuantas sesiones de Barras.

La persona que recibe las barras por lo general está tendida en una mesa de masaje, y el facilitador coloca suavemente sus manos en 32 diferentes puntos en la cabeza de la persona. Esto libera mucha de la "basura" que tu cuerpo ha recogido, los pensamientos, los sentimientos y las emociones que has captado de otras personas. Es algo así como eliminar archivos en tu ordenador. En el peor de los casos, te sentirás como si te dieron un buen masaje; en el mejor de los casos, abrirás la puerta para cambiar tu vida.

## Procesos de Access Consciousness para el cuerpo

Hay muchos maravillosos procesos para el cuerpo ofrecidos por facilitadores de Access Consciousness. Si estás interesado en saber más acerca de ellos, puedes consultar la página web de Access Consciousness para encontrar facilitadores y clases en tu área.

## Sonrisas

Sonreír es otra cosa muy simple y efectiva que puedes hacer. En su estado natural, tu cuerpo es feliz. Le gusta sonreír, y sonreír puede tener muchos efectos positivos en tu cuerpo. Puede bajar la presión arterial, liberar endorfinas y aliviar el estrés. Por lo tanto, te animo a sonreír más.

Hay muchos otros ejercicios y actividades que puedes hacer para ayudarte a ponerte en contacto con, nutrir y cuidar de tu cuerpo. Te invito a explorar esta área y ver cuánto más grande puede ser tu conexión con tu cuerpo.

---

[11] Puedes localizar a un facilitador de Barras o de procesos corporales cerca de ti a través del sitio de internet de Access Consciousness que se menciona al final del libro.

# 9

## Adicción y vidas pasadas

*Ninguna cosa es la causa de tu adicción, y ninguna cosa es la respuesta a ella, pero las vidas pasadas pueden estar desempeñando un papel en tu continuo comportamiento adictivo o compulsivo.*

En mi trabajo con la adicción en los últimos más de veinte años, me he encontrado con personas que han intentado una y otra vez eliminar su comportamiento adictivo o compulsivo, pero no pudieron hacerlo hasta que les pregunté acerca de las vidas pasadas.

En la fase inicial, quiero decir que mirar las vidas pasadas puede ser *un factor* que permite a las personas alejarse de sus adicciones. Las vidas pasadas nunca son, en sí mismas o dentro de, la *causa* de la adicción. En el fondo, superar la adicción se debe a tu disposición a tener más de ti y a tomar las decisiones que te permiten ser más consciente y estar más presente en tu vida.

En este capítulo, me gustaría hablar de algunos de mis clientes que fueron capaces de superar sus adicciones después de que despejaron una conexión de vida pasada con su comportamiento adictivo o compulsivo. No hay absolutamente ningún requisito para que creas en vidas pasadas. Todo lo que te pido que hagas es considerar el uso de una herramienta como pesado o ligera para ver si esto es algo que se podría aplicar a ti.

## Trastornos alimenticios y vidas pasadas

Antes de encontrar las herramientas de Access Consciousness, elegí no tomar a clientes con trastornos alimenticios en mi práctica de psicoterapia porque había una tasa muy baja de éxito en tratarlos. Incluso con una psicoterapia extensa, a las personas que son bulímicas o anoréxicas, o que se exceden con los alimentos, se les dice comúnmente que lucharán con su condición por el resto de sus vidas y probablemente nunca lo superarán. A menudo son hospitalizados, monitoreados, y se ponen en regímenes estrictos con alimentos, pero nada de eso realmente funciona. Estas acciones son una forma de manejar los síntomas de las personas, en lugar de darles herramientas, información y procesamiento que les permitirá salir del comportamiento. Fue doloroso para mí trabajar con personas que no tenían ninguna esperanza real de recuperación, así que decidí no trabajar con personas que tenían trastornos relacionados con la comida.

Las herramientas de Access Consciousness me dieron una manera de abordar estos trastornos que tenían que ver con deshacer decisiones, juicios y conclusiones de vidas pasadas que estaban sosteniendo el comportamiento. Después de haber estado usando estas herramientas por muy corto tiempo, recibí una llamada de una mujer en sus cuarenta y que había sido bulímica desde su adolescencia. Me preguntó si trabajaría con ella. Me dijo que había probado la psicoterapia, pero no había tenido un buen resultado. Yo dije, "Nunca he visto a nadie tener mucho éxito con el tipo de trastorno alimenticio que tienes. No puedo prometer nada, pero tengo algunas herramientas, técnicas e información de Access Consciousness si estás interesada en probarlas".

Ella dijo, "Vamos a probarlo", así que lo hicimos, y en 4 sesiones de 1 hora, ella estaba libre de la bulimia, y no ha comido compulsivamente o ha hecho purgas desde entonces. Lo importante de esta historia es que sus problemas de alimentación en particular estaban ligados a una vida pasada. Al trabajar juntas, descubrimos que hace más de 2.000 años, ella había estado involucrada en el asesinato de alguien que ella sabía que era inocente. Ella arrastró enormes cantidades de culpa que requerían que ella se castigara continuamente privando a su cuerpo de sustento. Cuando fue capaz de destruir y descrear las decisiones y juicios que hizo sobre sí misma en la vida pasada, eso cambió todo para ella en el presente.

He descubierto que para muchas personas con trastornos alimenticios, la relación desordenada con la comida sirve como castigo del ser y del cuerpo por lo que consideraban un crimen atroz, cometido en una vida pasada. También he tenido muchos clientes dándose cuenta de que el hambre o la privación de alimentos en una vida pasada fue uno de los principales factores detrás de su necesidad de rellenar sus despensas, sus refrigeradores, y sus cuerpos.

## Fumar

La decisión de que uno debe ser castigado por acciones en una vida pasada también puede desempeñar un papel en otros comportamientos adictivos o compulsivos. Por ejemplo, trabajé con un hombre que había sido fumador toda su vida adulta, a pesar de innumerables intentos de parar. Después de que probamos una serie de intervenciones pero sin resultados reales, le pregunté: "Verdad, ¿hay vidas pasadas involucradas aquí?".

Él dijo que *sí* y observó algo que creía que había hecho. Fue un acto que juzgó como tan terrible que decidió que no tenía derecho a respirar. Estaba fumando en esta vida como una manera de cortar su aliento y lentamente suicidarse como castigo por ese acto. Una vez que pudo volver a examinar su decisión, perdió su compulsión por fumar.

## Ser víctima y alentar el abuso

También he preguntado sobre vidas pasadas cuando la gente parecía decidida a ser una víctima y alentar el abuso. No estoy diciendo que esto sea cierto en todos los casos, pero si la gente parece estar continuamente invitando a un tratamiento abusivo, puede haber un incidente de la vida pasada que les incita a creer que necesitan ser castigados.

Recientemente hablé con una mujer que me dijo que todo el mundo en su vida era abusiva con ella, incluso las personas que eran generalmente amables con los demás. Después de que hablamos sobre cómo ella creó ese comportamiento en otros, le pregunté: "¿Te estás castigando por algo que hiciste en una vida pasada?".

Ella dijo, "Sí".

Pregunté: "¿Qué fue eso?".

Ella dijo, "Maté a toda mi familia".

Le pregunté: "¿En algún momento todos ellos te mataron a ti?".

Ella dijo, "Sí, lo hicieron".

Le pregunté: "¿Puedes ver que todos hemos sido y hecho de todo?"

Una vez que tuvo esa consciencia y fue capaz de salir de lo que ella describió como deuda kármica, fue capaz de dejar ir su constante creación de situaciones abusivas.

Todos nosotros hemos sido todo y hemos hecho todo. Has sido un rey o una reina y un esclavo; has sido un gurú y un seguidor; has sido nadie y alguien; has sido un pobre y has sido rico más allá de tu imaginación. Has sido víctima de crímenes y abusos y has sido perpetrador de crímenes y abusos. Si puedes renunciar al juicio de lo que has sido y hecho, puedes darte una enorme libertad. Esto puede liberarte de la necesidad de castigarte a ti mismo o a los demás y darte el espacio para estar presente y mostrarte como tú.

por Marilyn Maxwell Bradford

## Adicción a las relaciones

Las vidas pasadas también aparecen en casos de adicción a las relaciones. ¿Alguna vez has visto a alguien a través de una habitación llena de gente y pensaste: "Ese es. He encontrado a mi príncipe o a mi princesa."? Por lo general, ese tipo de reacción indica que has tenido muchas vidas con esa persona. Y es posible que hayas hecho un montón de votos, compromisos, contratos y acuerdos con él o ella en el orden de "Te amaré para siempre", "Siempre estaremos juntos", o "Siempre cuidaré de ti". Mira a esta persona y pregúntate: "¿Es realmente mi príncipe o mi princesa? ¿O es alguien a quien yo estaba apegado en una vida pasada?".

Ese apego podría haber sido positivo, pero tal vez fue negativo. Trabajé con un cliente que no podía terminar con su muy abusiva ex. Ella había sido increíblemente cruel con él. Le robó su dinero. Le humilló. Ella hizo todo tipo de cosas desagradables, y él decía, "Pero la amo. No sé por qué, pero necesito estar con ella".

En primer lugar, "amar a alguien" nunca es una razón para estar con esa persona, especialmente cuando esa persona te trata mal. La razón para estar con alguien es que él o ella expande y contribuye a tu vida.

Le pregunté a mi cliente: "¿Es estar con esta mujer expansivo para ti?".

Él dijo: "No, en realidad, ella me está destruyendo, pero me siento tan adicto a ella que no sé qué hacer. No puedo seguir hacia adelante".

Cuando empezamos a ver lo que estaba sucediendo, le pregunté: "¿Hay una vida pasada involucrada en esto?".

Él dijo: "Sí, absolutamente. Muchas, muchas, muchas".

Pregunté, "Entonces, ¿cuál es tu toma de consciencia aquí?".

Contestó: "Ella me salvó la vida muchas veces, así que se lo debo, no importa lo mal me trate, quedarme con ella y hacer lo que ella quiera que haga. Soy su esclavo".

Dije, "Algo acerca de eso se siente muy pesado. Déjame hacerte una pregunta. ¿Es en realidad verdad que ella te salvó todas esas veces?".

Hizo una pausa, lo miró, y dijo: "No, esas eran mentiras que ella implantó en mí".

Una vez que descubrió las mentiras, pudo ir más allá de ellas. Su adicción a esta relación se derrumbó como una casa de naipes. La mentira era la tarjeta de abajo, y una vez que la sacamos, todo cayó. Me dijo en su última sesión: "Ya ni siquiera pienso en ella". Él había comenzado a dirigir su energía hacia la creación de su vida.

Aquí está la cosa que es tan interesante. Él podría haber ido por el otro camino. Podría haber decidido que el karma y el trauma-drama de esos incidentes de la vida pasada eran reales, y quedarse atrapado en ellos para siempre. Pero él no hizo eso. Simplemente dejó ir todo. Aquello se derrumbó, y ahora él está libre de ello. Pero incluso si la ex de mi cliente le *hubiera* salvado todas esas veces, esa era su elección. Él no le debía nada.

Aquí hay otra cosa a considerar: ¿cuántos "hasta que la muerte nos separe" contratos y compromisos tienes con todas las personas con las que has estado casado o esclavizado? Haces contratos con la gente, y ya que el ser nunca muere realmente, los acuerdos que hiciste hace millones de años pueden estar dirigiendo y arruinando tu vida ahora. Podrías destruir y descrear todos esos juramentos, votos, maldiciones, comunidades, contratos, acuerdos y compromisos. Ahora no tienen lugar en tu vida.

Vivir en el presente es estar con cada persona en tu vida en el ahora y tener una elección sobre lo que vas a hacer cada diez segundos. ¿Puedes obtener la energía de eso? ¿Qué tan ligera es?

## Ayudando compulsivamente a otros

Los compromisos pasados también pueden estar funcionando cuando las personas sienten una fuerte necesidad de ayudar a los demás. En el pasado, puedes haber hecho compromisos en órdenes religiosas u otros grupos, y puedes sentir que has dejado a la gente o has sido la causa de su destrucción al no seguir tus promesas.

Si observas que hay una cualidad compulsiva en relación con tratar de ayudar a alguien, o resolver sus problemas o si sientes que *debes* ayudarles y ese es tu papel en la vida, tal vez deberías preguntar si las vidas pasadas están involucradas.

Compromisos pasados también pueden estar activos cuando las personas sienten una necesidad fuerte de asistir a otros. En el pasado, pudiste haber hecho compromisos en órdenes religiosas para hacer trabajo de caridad o para negar consistentemente tus propias necesidades a favor de ayudar a otros. Si has notado que hay una cualidad compulsiva en relación a tratar de ayudar a otros o si sientes que *tienes* que ayudarles y que ese es el rol en tu vida, quizá quieras preguntar si hay vidas pasadas involucradas.

## Situaciones inalterables

Cada vez que te quedas atrapado en una situación que no parece cambiar a pesar de haber utilizado muchas herramientas o enfoques diferentes, te animo a preguntar, "¿Hay vidas pasadas involucradas aquí?" También puedes preguntar:

- ¿Me estoy castigando por algo?
- ¿Estoy inventando un comportamiento que juzgué como perjudicial?
- ¿Estoy cumpliendo un compromiso que hice en otra vida?

Si obtienes un *sí*, haz algunas preguntas más. Todos nosotros en algún momento u otro, hemos comprado la idea de causa y efecto, karma, y algún tipo de "Yo les hice esto, así que ahora les debo", o "Me hicieron eso, y ahora están en deuda conmigo". Nada de eso es verdad. Ese tipo de pensamiento crea polaridad y evita que tú y otros entren en un espacio de consciencia.

La consciencia incluye todo y no juzga nada. Cuando estás operando desde un espacio de consciencia, el comportamiento que proviene de ese espacio es generativo y creativo, no destructivo y contractivo.

Hay otro punto que me gustaría señalar acerca de verse a uno mismo o a otro como la causa del "daño" o de la "destrucción". Esos conceptos son un juicio. Todo comportamiento es esencialmente neutral desde el punto de vista de que el observador hace un juicio sobre si es bueno o malo. Si las cosas fueran intrínsecamente buenas o malas, cada observador haría el mismo juicio y vería las cosas de la misma manera. Y sabemos que ese no es el caso.

## ¿Es esto relevante ahora?

Salir del comportamiento adictivo y compulsivo se trata de estar presente en el ahora. No necesitas distraerte tratando de averiguar el pasado o atravesando todo tipo de distorsiones para inventarte el daño que puedes o no haber causado. Si estás haciendo eso, estás viviendo en el pasado. Estás en tu cabeza; no estás en tu consciencia. No estás presente, y no vas a ser capaz de avanzar.

Una de las cosas que nos mantiene atrapados en el pasado es la idea del perdón. Por favor, recuerda que perdonar te mantiene en la polaridad del bien y del mal. Siempre implica un juicio. ¿Qué tal si no le debías nada a nadie y nadie te debía nada a ti? ¿Cómo sería entrar en un espacio de dejar que todo sea? Cuando una carga o un recuerdo, o un pensamiento surge – siempre puedes preguntar, "¿Es eso relevante ahora?".

Descubrir y luego limpiar una conexión de vida pasada con tu comportamiento adictivo o compulsivo puede traer un alivio casi inmediato y una libertad que quizás nunca has soñado posible.

# 10

## Adicción y entidades

*Todo es consciente. Una vez que estés dispuesto a ser consciente de eso, tu vida se expandirá de maneras que ni siquiera te puedes imaginar.*

Las entidades pueden tener un efecto muy poderoso sobre la adicción y la recuperación. Este es un tema que rara vez se discute en detrimento de muchas personas que están tratando de deshacerse de la conducta adictiva o compulsiva.

La mayoría de la gente piensa en las entidades como seres que no tienen cuerpos, como fantasmas o espíritus, y esos son definitivamente ejemplos de entidades, pero la definición de *entidad* incluye mucho más que eso. En el sentido más amplio, una entidad es simplemente una energía con una identidad. Eres una entidad y yo soy una entidad. Los animales son entidades. Las casas, las sillas y las empresas son entidades. Si escribes una canción, esa canción se convierte en una entidad en y por sí misma. Hay por supuesto también entidades que no tienen cuerpos, y ellos también, son simplemente una energía con una identidad.

Uno de los mayores errores que cometen las personas es suponer que sólo los seres humanos son conscientes. Es una suposición de superioridad que puede crear una enorme limitación en nuestras vidas porque nos vuelve no dispuestos a recibir información que otras entidades nos están dando, cualquiera que sea la forma que tomen. Si has decidido que la mayoría de las cosas y seres en el universo no son conscientes y no están dispuestos a regalarte, no serás capaz de recibir de ellos. Es como decidir que sólo los hombres blancos de pelo castaño, de 43 años tienen algo que ofrecerte. La verdad es que todo es consciente. Y una vez que estés dispuesto a saberlo y recibir eso, tu vida se expandirá de maneras que ni siquiera te puedes imaginar.

Desafortunadamente, la idea de que sólo los seres humanos son conscientes ha sido perpetuada por algunas religiones e iglesias que enseñan que los seres humanos son superiores a todo lo demás en el planeta. Por favor, revisa esta idea por ti mismo. ¿Es eso cierto? Di para ti mismo "Sólo los seres humanos son conscientes". ¿Es eso pesado o ligero? A menos que te hayan enseñado esta idea y la hayas comprado incondicionalmente, apuesto a que esa afirmación es pesada para ti, lo que significa que es una mentira. Lo cierto es que todos somos parte de la consciencia y la unicidad, lo cual es la razón de que podamos comunicarnos con entidades de todo tipo.

Puedes preguntar, "¿Qué tiene todo esto que ver con la adicción?" Tiene *mucho* que ver con la adicción por un par de razones: en primer lugar, una vez que te das cuenta de que todo es consciente, eso te permite participar en el regalar y recibir de todo en el universo. Segundo, si no estás dispuesto a ser consciente de la presencia de entidades y su influencia en tu comportamiento adictivo o compulsivo, puedes convertirte en el efecto de ellos y en lo que les gustaría que hicieras.

## Las entidades que no tienen una forma física

Recientemente hice algunas investigaciones en Internet y descubrí que entre 50 y 80 por ciento de las personas en los Estados Unidos han tenido una experiencia con un ser que no tenía un cuerpo físico. A estas personas se les manifestó un ser querido fallecido o tuvieron una experiencia con lo que se podría llamar un fantasma, guía espiritual, ángel o demonio. Quiero que sepas que no estás solo si has tenido algún tipo de experiencia con un ser que no tiene una forma física. En realidad, eres parte de la mayoría. Es muy útil saber que no sólo se puede ser consciente de las entidades que no tienen cuerpo, pero al aumentar tu toma de consciencia y comprensión de ellos, puedes añadir más facilidad a tu vida.

Muchas personas asumen que los seres que no tienen un cuerpo son siempre sabios, veraces y espirituales. Por favor, no cometas ese error. Si tu tía Jane era una idiota cuando estaba viva, todavía va a ser una idiota cuando venga a hablarte sin su cuerpo. Las entidades también mienten. ¿Has oído a la gente decir?: "Yo canalizo al Arcángel Miguel, Jesús o algún otro sabio antiguo". ¿Crees que las entidades no se divierten engañando a los seres en cuerpos? Cada vez que una entidad aparece y te dice quién es, no cometas el error de suponer que te está diciendo la verdad o que sabe más que tú.

Los seres sin cuerpos pueden aparecer en cualquier parte. Pueden ocupar cualquier espacio. Pueden estar en tu casa, en tu auto o en tu computadora. Pueden ocupar tu cuerpo o el área que lo rodea. También pueden ocupar los cuerpos de los animales. Estos seres están en diferentes estados de consciencia, y muchos de ellos no se dan cuenta de que han tenido otras vidas. Puede que no sean conscientes de que perdieron su cuerpo hace siglos.

Cuando estas entidades están presentes, pero no reconocidas, pueden tener un efecto perjudicial en ti, en tu cuerpo y en tu vida y, en algunos casos, pueden exacerbar tu comportamiento adictivo o compulsivo, o hacer que la recuperación de una adicción sea más difícil. Sin embargo, por favor, no cometas el error de culpar a las entidades por tu comportamiento adictivo o verlos como la causa de éste. Pueden ser un factor que influye en tus acciones, pero no causan la adicción, ni pueden arreglarlo.

## Entidades y adicciones

Hace años, tuve una clienta que estaba preocupada por las cantidades que estaba bebiendo. Inicialmente bebió para lidiar con la ansiedad social, y con el tiempo, comenzó a estar cada vez más deprimida. La depresión me pareció extrema. Tenía inesperadas lloreras y pensamientos suicidas.

Después de explorar muchas causas posibles, pregunté si había una entidad involucrada. Mi clienta inmediatamente se sintió más ligera. La respuesta fue un *sí* definitivo. Esta entidad en particular se había enganchado a ella durante un desmayo alcohólico. Había sido una persona que se suicidó con alcohol y pastillas y se sintió atraída por mi clienta porque bebía. Una vez que facilitamos a la entidad, la depresión de mi clienta disminuyó en gran medida y continuamos con nuestro trabajo para trascender el uso del alcohol de una manera adictiva o compulsiva.

Otra de mis clientes era una mujer que le estaba costando mucho trabajo perder peso. Usamos una variedad de herramientas, pero no se produjeron cambios. Finalmente pregunté sobre las entidades. Resultó que mi clienta tenía una entidad que había muerto de hambre, y la estaba usando para comer en exceso en un intento de mitigar sus recuerdos de morir de hambre. Una vez que facilitamos la entidad, mi clienta comenzó a progresar con la pérdida de peso.

En mi trabajo con adicciones, a menudo he encontrado que los antojos de una persona pueden ser creados por entidades que tienen la misma adicción que la persona cuyo cuerpo habitan. A pesar de que la entidad ya no tiene un cuerpo, todavía está interesada en representar su adicción, e intenta hacerlo a través de la persona. Por ejemplo, hay entidades que desean fumar, y se enganchan a la gente que fuma. Un aviso en particular que una entidad está dirigiendo el deseo es cuando oyes, "*Tú* necesitas una bebida ahora" o "*Tú* deberías encender un porro". Cuando esto ocurre, puedes estar seguro de que el antojo pertenece a una entidad, porque no te referirías a ti mismo como "tú".

## Recaída

En los programas de tratamiento tradicional, el alcohol se describe a menudo como "astuto, desconcertante y poderoso" porque el deseo de beber parece alcanzar a la gente al azar, incluso después de haber estado practicando su programa durante un período de tiempo. He descubierto que actuar con un comportamiento adictivo o compulsivo a menudo ocurre cuando una entidad está involucrada.

Cuando alguien entra y dice algo como, "Me estaba yendo muy bien en mi recuperación, pero he recaído anoche. No entiendo lo que estaba pasando", inmediatamente estoy en alerta de que las entidades pueden estar involucradas. Curiosamente, una vez que se facilitan, lo que se denomina "recaída" en los programas tradicionales raramente ocurre.

## ¿Qué te abre a las entidades sin cuerpo?

Como he dicho, una de las cosas que invitan a las entidades a tu vida es participar en comportamientos adictivos o compulsivos. ¿Por qué sería eso? Porque cuando participas en ese comportamiento, básicamente te marchas y pones un letrero de "se alquila" en tu cuerpo. Esto tiene sentido si recuerdas que la adicción es el lugar al que vas donde no existes. Es un lugar donde no estás presente. Y cada vez que no estás presente, abres el espacio para que las entidades vengan y ocupen tu cuerpo.

Hace muchos años, antes de que supiera lo de las entidades y la adicción, tenía un amigo muy querido que llamaré John. John tenía problemas con el alcohol. Había estado sobrio por un tiempo, pero no podía hacer que su vida funcionara. Comenzó a beber mucho de nuevo, un par de quintas de vodka al día, y básicamente hizo la elección de morir. Me ofrecí para ayudarle si alguna vez quisiera ayuda con su adicción, pero en algún momento, elegí no estar cerca de él porque había tan poco de él presente para relacionarse y estaba muy claro que no tenía ningún interés en cambiar su comportamiento.

Un día una amiga mutua fue a casa de John para traerle algo de comida. Ella me dijo que golpeó la puerta y llamó, "John, John, ¿dónde estás?". Finalmente consiguió entrar en la casa, y un ser salió de la sala de estar. Era el cuerpo de John, pero claramente no era John. Tenía una energía muy contundente, violenta y destructiva. Me dijo que la cara ni siquiera se parecía a la cara de John. Ella seguía diciendo, "John, John, sal". El cuerpo finalmente se sacudió y John se hizo presente. Él era una persona muy amable y generosa, cuya energía era completamente diferente del ser que ella había visto primero.

El hecho es que, esa entidad no podría haber entrado al cuerpo de John, si John no hubiera tomado la elección de ausentarse de sí mismo o de su cuerpo, consumiendo enormes cantidades de alcohol. Cuanto más elegía el camino de la autodestrucción, más les abría la puerta a estas fuerzas más oscuras. Tristemente, John estaba decidido a poner fin a su vida y no cambió la dirección en la que se dirigía.

No hay razón para temer a las entidades. No tienen ningún poder sobre ti que no les des tú. No pueden forzarse en ti. No vas a estar poseído a menos que las invites. Me relaciono con esta historia sobre John porque es un ejemplo dramático de lo que puedes crear cuando eliges no estar presente en tu vida. Cuando participas en cualquier conducta compulsiva o adictiva, puedes invitar a entidades destructivas que también tenían esa adicción cuando estaban vivas. Si alguna vez has visto a alguien hacer un gran cambio de personalidad cuando estaba muy borracho o completamente vinculado en cualquier otro comportamiento adictivo, es probable que él o ella desocupó su cuerpo y otra entidad entró.

## Facilitando entidades

Las entidades se pueden facilitar mediante procesos de Access Consciousness. Hay otras maneras de eliminarlas también. Te animo a hacer preguntas y a hacer lo que funcione para ti.

Una nota final: por favor, recuerda que ninguna entidad puede tomar el control a menos que se lo permitas. Y ninguna entidad es más grande o más poderosa que tú, incluso aquellas que eligen hacerse llamar demonios. Tú eres el que está a cargo de tu vida y de tu cuerpo. Es posible que requieras algo de ayuda, pero si así lo decides, puedes facilitar cualquier entidad que te esté afectando negativamente.

por Marilyn Maxwell Bradford

Cuando estamos acostumbrados a tener nuestras vidas dirigidas por un comportamiento adictivo o compulsivo, comienza a sentirse natural y cómodo hacernos a nosotros mismos el efecto de otras personas, lugares, y cosas. Algunas personas incluso se sienten muy "especiales" cuando se dan cuenta de que tienen entidades. Por favor, no cometas este error. Eres valioso por lo que realmente eres, por la singularidad de ti y el regalo que puedes ser para el mundo. Hacerte el efecto de cualquier entidad es negarte a ti mismo y la posibilidad de una vida verdaderamente grandiosa.

## 11

## ¿Qué es la verdadera recuperación?

*Las personas en verdadera recuperación han llegado a un espacio de elección con su comportamiento adictivo o compulsivo. No hay un sentido de tener que participar en él o tener que resistir a participar en él.*

En la mayoría de los programas tradicionales de tratamiento de adicciones, estar en recuperación significa que ya no estás participando en un comportamiento adictivo o compulsivo designado. Pero debido a que estos programas abordan sólo la adicción secundaria y no dan atención a la adicción primaria, muchas personas terminan intercambiando una adicción menos aceptable como beber alcohol por una socialmente aceptable como trabajar compulsivamente, o incluso asistir a las reuniones de recuperación. Todavía están buscando un comportamiento adictivo o compulsivo para escapar y aliviar el dolor de lo erróneo de ellos, el autojuicio, el sentido de no encajar, y el sentir de estar abrumados por los pensamientos y sentimientos de los demás.

La mayoría de los programas de recuperación tradicionales exigen que los participantes utilicen de forma continua un prescrito conjunto de pasos como medidas de su recuperación. Es visto como un requisito de por vida para mantener a raya el comportamiento adictivo. Esta forma de abordar la recuperación la presenta como una especie de remisión de la adicción. Es como si los síntomas de una enfermedad estuvieran presentes, pero están siendo manejados por los pasos que realizas para que puedas volver a ser la persona que solías ser y tener la vida que solías tener.

por Marilyn Maxwell Bradford

Durante todos los años que participé en programas de recuperación convencionales, nunca me pareció que no beber, no fumar, o no participar en mis otros comportamientos habituales fuera suficiente. Aunque era consciente de que no participar en estos comportamientos me daría más posibilidades, no tendría resacas, tendría más capacidad física con mis pulmones, nunca me gustó la idea de que la posibilidad de adicción siempre estaría al acecho como algo sobre el cual no tenía poder y que yo sería remitida a un programa de por vida.

Siempre pensé que la recuperación tenía que ser mucho más que eso. A medida que comenzaron a reunirse los conceptos de *La recuperación correcta para ti*, empecé a profundizar en lo que realmente podría ser la verdadera recuperación. En este capítulo, me gustaría presentar algunos de los elementos de la verdadera recuperación, tal como la veo.

A medida que leas, te animo a tomar notas sobre cómo sería tu recuperación para ti, porque puede ser algo diferente para cada persona. Al llegar a una mayor consciencia de lo que es la recuperación para ti, serás capaz de hacer que sea un blanco más alcanzable. Esto es importante, porque si no sabes lo que es la recuperación para ti, no puedes tener un blanco que sea accesible. No lo reconocerás cuando aparezca. Digamos, por ejemplo, que deseabas tener más abundancia en tu vida, pero no definiste lo que era la abundancia. ¿Cómo sabes a qué apuntar? ¿Y cómo sabrías cuando ya lo tuvieras? Es lo mismo para la recuperación verdadera. Necesitas saber a qué estás aspirando. Esto no significa que tus conceptos y objetivos no cambiarán, a medida que crezcas y elijas lo que es expansivo para ti. Es simplemente algo con lo que empiezas para tener una dirección.

## Destruye y descrea todo lo que has decidido que la recuperación es

Antes de empezar a hablar sobre lo que podría ser la verdadera recuperación, me gustaría invitarte a destruir y descrear todo lo que alguna vez te han dicho o has decidido que la recuperación es o no es. Si estás abordando tu recuperación con cualquiera de los conceptos erróneos convencionales, creencias rígidas o definiciones de lo que significa la recuperación, vas a limitar lo que es posible para ti.

Después de haber destruido y descreado todas las ideas sobre la recuperación que has aceptado, has creído o con las que te has puesto de acuerdo, te invito a considerar las siguientes posibilidades:

- ¿Qué tal si la verdadera recuperación no es sobre un estado de abstinencia sino más bien un proceso continuo de hacer preguntas, mirar las posibilidades, y tomar elecciones que permitan que tu vida se expanda de maneras que nunca soñaste que fueran posibles?
- ¿Qué tal si la verdadera recuperación es llegar a ser consciente de la energía de lo que te gustaría que tu futuro sea?
- ¿Qué tal si la verdadera recuperación consiste en elegir la consciencia?

## Consciencia

Esa última pregunta plantea un punto clave: ¿Qué pasa si la verdadera recuperación consiste en elegir la consciencia? Mucha gente habla de la consciencia, pero la única persona que conozco que realmente la ha definido es Gary Douglas. Gary dice, "La consciencia incluye todo y no juzga nada". La adicción está incluida en tu universo, pero no es algo que tengas que elegir.

Cuando eliges la consciencia, todas las posibilidades están disponibles para ti. Cuando eliges la adicción, la inconsciencia y la lucha contra la consciencia son tus únicas opciones. La verdadera *Recuperación* consiste en tener todas las posibilidades disponibles para ti, no limitarte a ti mismo y tu consciencia. La elección de la consciencia te permite tomar decisiones desde un campo de consciencia mucho mayor y más expandido.

La mayoría de la gente está familiarizada con la energía y los patrones de adicción, ese espacio contraído, limitado y de "no existo". Pero no todo el mundo reconoce la energía de la consciencia o la verdadera recuperación, así que me gustaría hablar sobre algunas de las elecciones que podrías hacer si estás interesado en entrar en la verdadera recuperación.

**La elección de ser consciente** requiere de ti que permanezcas fuera de la fantasía, de las esperanzas poco realistas, o de dar vueltas en el pasado o en el futuro. Es la voluntad de estar presente contigo mismo y con los demás y con cualquier información que venga a ti. Si bien eso puede parecer un blanco abrumador al principio, te permite tener mucho más control en tu vida. Sólo puedes elegir qué hacer con algo si estás dispuesto a reconocer que está ahí en primer lugar.

Estrechamente relacionada con eso es **la elección de no evitar nada**. No estoy hablando de rodear un bache o salir de la ciudad si viene un mal huracán. Eso es de sentido común. De lo que estoy hablando es de la voluntad de enfrentar lo que venga en tu camino en lugar de acudir a un comportamiento adictivo o compulsivo para lidiar con lo que has decidido que es demasiado para lidiar con ello. Lo bueno de la elección de no evitar nada es que cuando lo eliges, te encuentras realmente mucho más competente y poderoso de lo que te has llevado a creer.

**La elección de tener un marco de referencia interno.** Cuando tienes un marco de referencia interno, no estás al efecto de los demás a tu alrededor. Funcionas como la fuente creativa en tu vida en lugar de como el efecto de lo que aparezca. No estás preocupado de lo que los demás piensan de ti ni te preocupa seguir los roles aceptados, los patrones de comportamiento, o de los "debería" y "tendría que" desde los cuales tanta gente funciona. En cambio, al estar presente y elegir lo que funciona para ti, puedes llevar una vida que sea únicamente tuya. Esto no significa que no seas consciente de los demás o de lo que requieren o desean de ti. No se trata de ser el guardabosque solitario. Simplemente significa que estás dispuesto a ser *tú* sin importar las presiones que otros te estén poniendo.

**La elección de saber lo que sabes y actuar desde ese espacio** está estrechamente relacionada con tener un marco de referencia interno. Se trata de confiar en ti mismo en lugar de buscar respuestas fuera de ti. Esto no significa que no pidas o recojas información. Significa que confías en ti mismo en saber lo que es verdad para ti y para tomar las acciones apropiadas, basadas en ese saber.

**La elección de poseer todo lo que has creado en tu vida y que las cosas no "te suceden simplemente."** Esto no significa que eres responsable por el comportamiento de otras personas o que no has experimentado abuso u otros eventos traumáticos en tu vida, pero sí significa que eres responsable de tus reacciones y cualquier acción que *tú* eliges tomar. Las personas que se ven a sí mismas como víctimas indefensas de algo que "simplemente les sucedió" a menudo permanecen atrapadas en el modo de víctima para siempre y rara vez pueden trascender su comportamiento adictivo o compulsivo.

A menudo me preguntan por qué algunas personas son capaces de superar sus adicciones y otras no lo son. Un factor importante es su disposición a admitir que la adicción no les sucedió; hicieron las elecciones que condujeron a su comportamiento adictivo o compulsivo. Eso es realmente una buena noticia, porque si has tomado las decisiones que condujeron a tu comportamiento adictivo para empezar, puedes tomar diferentes elecciones que conducen a tu recuperación.

**La elección de ser feliz y alegre.** En realidad, *es* una elección. Si crees que sólo puedes ser feliz si... o cuando... te estás poniendo al efecto de las circunstancias. ¿Qué tal si eligieras ser feliz ahora mismo? ¿Puedes obtener la energía de eso? ¿Puedes ver cómo invitarías y crearías experiencias diferentes a las que si estuvieras siendo miserable? Algunas personas creen que si un amigo o un miembro de la familia está deprimido o enfermo, es malo ser feliz. Pero en realidad, ¿les haces a ellos, o al mundo, un favor al igualar su energía? Si estás funcionando desde la tristeza y la preocupación, ¿puedes ser el regalo que eres cuando eres feliz? La voluntad de ser feliz es una gran contribución al mundo, y también conducirá a una vida más expansiva para ti.

## Herramienta: ¿Cómo puede mejorar esto?[12]

Ésta es una pregunta que puedes usar en cualquier circunstancia para invitar nuevas posibilidades a tu vida. Pruébala cuando haya ocurrido algo positivo o placentero. ¿Acabas de conseguir un ascenso, hacer bien una prueba, o irte a unas preciosas vacaciones? Pregunta "¿Cómo puede mejorar esto?". Tal vez te sorprenderás con lo que se muestra.

También puedes usarla cuando hayas llegado a la conclusión de que algo es malo o terrible. ¿Te acabas de torcer el tobillo? ¿Una camarera te derramó café caliente? ¿Estás parado en el tránsito? Preguntar "¿Cómo puede mejorar esto?" te permite ver que algo positivo puede salir de cualquier evento.

Recientemente, yo estaba conduciendo sola y se pinchó una rueda en la autopista. En lugar de ir a "¡Oh no! ¡Esto es terrible!" seguí preguntando, "¿Cómo puede mejorar esto?".

Casi de inmediato, un oficial de policía se detuvo y me ayudó a cambiar el neumático. ¿Cómo puede mejorar *eso*?

Cuando sigues preguntando "¿Cómo puede mejorar esto?" te vuelves más abierto a recibir, tu vida comienza a mostrarse de manera diferente.

También es muy útil cuando estás trabajando con tu comportamiento adictivo o compulsivo. ¿Elegiste no parar en el bar por un par de tragos como de costumbre antes de ir a casa? ¿Elegiste escuchar a tu cuerpo y no tener tu segunda o tercera ración normal de comida? ¿Elegiste no quedarte hasta tarde en el trabajo por cuarta noche consecutiva?

---

[12] "¿Cómo puede mejorar esto?" es una herramienta de Access Consciousness.

Preguntar "¿Cómo puede mejorar esto?" reconoce las elecciones que has tomado que expanden tu vida e invitan a una mayor facilidad y elección para lidiar con tu adicción.

Y si eliges participar en tu comportamiento adictivo o compulsivo, preguntar, "¿Cómo puede mejorar esto?" abre otras posibilidades. Muchas personas creen que, si tienen un encuentro sexual más que tenga una cualidad compulsiva, tienen que rendirse y y tener más y más. O si salen y otra vez gastan compulsivamente más de la cuenta en nuevos regalitos, tienen que seguir haciendo eso. Preguntar "¿Cómo puede mejorar esto?" crea un espacio que ofrece la oportunidad de elegir algo diferente.

**La elección de tener permisión de ti y de los demás.** La permisión es la voluntad de tener "interesante punto de vista" por ti, por todo el mundo y por todo lo demás. Es la voluntad de ser consciente de que las personas tienen elección y crean sus vidas, y que no depende de ti decirles qué hacer o qué no hacer.

La permisión es diferente de la aceptación. La aceptación implica un juicio. Ya has decidido que alguien ha hecho algo malo o equivocado, pero lo vas a aceptar de todos modos. Es una posición de superioridad. La permisión es una posición de neutralidad. Las cosas son lo que son; no los juzgues de una manera u otra, lo que te permite ser consciente de lo que realmente está sucediendo. Te has movido más allá de los dictados de lo correcto y lo erróneo, de lo bueno y lo malo, hacia un espacio de tu propia consciencia y saber. Confías en tu saber y hay una confianza que viene de ser consciente de que tienes las herramientas y el poder para crear la vida que deseas.

**La elección de no contar o no ser manejado por historias.** Las historias son la forma en que justificamos y explicamos nuestro comportamiento o el de otras personas: "Hago apuestas porque mi madre lo hizo", "Soy adicto a la pornografía porque mi padre me lo mostró cuando era joven", "Mi esposo me abusa porque fue maltratado cuando era niño". La mayoría de nosotros adornamos nuestras historias para hacerlas parecer plausibles, pero las historias son sólo historias. No sólo no son verdad, pero si crees en tus historias, no puedes seguir adelante a cambiar nada. La elección de no contar historias es también la elección de estar presente con lo que es, en vez de usar el pasado para explicar por qué eres como eres. Todas las historias te mantienen en la energía de la adicción.

(Ten en cuenta, por favor, que cuando me refiero a las historias, no estoy hablando de dar información real. A menudo pregunto a los clientes sobre la historia de su adicción porque me da hechos y puntos de vista que pueden ser muy útiles para nuestro trabajo.)

**La elección de ser vulnerable.** Ser vulnerable es visto a menudo como una debilidad. En realidad, lo opuesto es la verdad. Es una posición de fuerza y valor. La vulnerabilidad total es la voluntad de dejar caer todas tus barreras y recibirlo todo. Es la voluntad de no actuar basado en las ideas preconcebidas sobre lo que vas o no vas a recibir. Por ejemplo, ¿has decidido que vas a recibir de este tipo de persona, pero no de ese tipo de persona? ¿Has decidido que vas a recibir de la ciudad, pero no del país? ¿Has decidido que recibirás de los libros, pero no de la televisión? Se necesita un tremendo valor para dejar caer tus barreras, tus ideas preconcebidas, y todo lo que has decidido que es correcto, y todo lo que has solidificado en su lugar, y simplemente recibirlo todo sin juicio. Tendemos a pensar que las barreras nos mantienen a salvo, pero si tenemos barreras levantadas, evitamos recibir información, consciencia y muchas otras cosas que son cruciales para nuestro bienestar.

**La elección de tener gratitud por todo el mundo y por cada cosa en tu vida.** La gratitud consiste en ver la contribución que cada ser o evento trae a tu vida, incluso aquellos que puedes haber juzgado como negativos. Esto no es un enfoque de Pollyanna. En realidad, es bastante realista. Cuando yo estuve por primera vez en recuperación, me lamentaba de los años que había perdido con el alcohol; ahora estoy agradecida por ellos. Sin mi propia experiencia de la adicción y de las diversas formas de recuperación, no estaría haciendo el trabajo que estoy haciendo y disfrutando tanto. Cada ser y cada evento puede facilitar una mayor consciencia para nosotros si se lo permitimos. La voluntad de estar agradecido crea una energía de facilidad, expansión y movimiento hacia adelante, mientras que el arrepentimiento y el resentimiento conducen a la contracción, a la resistencia y a la reacción.

**La elección de estar en comunión con tu cuerpo.** La verdadera recuperación requiere que tengas una conexión de celebración con tu cuerpo. Si no estás conectado con tu cuerpo, en realidad no puedes terminar con la adicción, porque no estarás completamente presente. Los cuerpos son siempre abusados y descuidados cuando participamos en comportamientos adictivos o compulsivos. La recuperación debe incluir el cuerpo de una manera de honrar y cuidar. Tratado con bondad y consideración, tu cuerpo puede convertirse en tu mejor amigo y en un regalo para ti de maneras que nunca habías imaginado.

**La elección de actuar desde el *ser* en lugar del *hacer*.** Muchas personas intentan demostrar su valía *haciendo*; por ejemplo, una mujer podría decir: "Voy a ser una gran madre. Voy a hornear pastelitos dos veces por semana, inscribir a mis hijos en tres actividades después de la escuela, y asegurarme de que hagan al menos dos horas de tareas por noche". Esto es muy diferente a *ser*, porque ser una gran madre de verdad no se trata de establecer una lista de acciones predeterminadas. Es diferente para cada madre y cada niño. Cuando de verdad eres una gran madre, estás leyendo la energía de tu hijo y estás viendo lo que puedes aportar. No hay ideas fijas de cómo se supone que se tiene que ver o lo que se supone que debes hacer.

Cuando eliges actuar desde *ser* en lugar desde *hacer*, permites que tu hacer venga del leer la energía de una situación y ver lo que puedes aportar en lugar de usar un *hacer* predeterminado para demostrar que estás *siendo* algo. *Ser* es acerca de la energía y el espacio que estás dispuesto a ser. Cuanto más te muestras como tú, más te estás adentrando en la energía de ser.

**La elección de funcionar desde la pregunta, desde la elección, desde la posibilidad y desde la contribución.** La gente en la verdadera recuperación siempre está en la pregunta; no le preocupa tener respuestas. Ellos saben que las respuestas limitan y las preguntas empoderan. Al hacer preguntas, recibes un flujo continuo de información que crea nuevas posibilidades. Cada elección que haces también crea un nuevo conjunto de posibilidades y ofrece nuevas formas de ser y recibir contribución.

Esto contrasta con el funcionar desde la decisión, desde el juicio, desde la conclusión y en piloto automático. Con esos, todo está fijo, clavado y contraído. Funcionar desde la pregunta, desde la elección, desde la posibilidad y desde la contribución abre la puerta a una vida expansiva, gozosa y siempre evolutiva.

### ¿Qué estás dispuesto a elegir?

La verdadera recuperación es un proceso continuo. Siempre está expandiéndose y cambiando. Recuerda, tú eres el antídoto para la adicción. La voluntad de presentarte como tú te permite participar en una recuperación que va más allá de lo que podías haberte imaginado antes. Cualquiera de estas elecciones crea un espacio donde es difícil que existan comportamientos adictivos y compulsivos. Con sólo elegir uno o dos de ellos, puedes comenzar a ser más consciente, cambiar tu energía, y crear un conjunto totalmente nuevo de posibilidades.

Por favor, elige lo que funciona para ti, que sepas lo que sabes, y ten el valor de salir fuera y ser el regalo que de verdad eres.

# Apéndice

## El juicio toma muchas formas

En el capítulo cuatro, hablé sobre algunas de las maneras más comunes en que se muestra el juicio, pero también toma muchas formas menos obvias. Si eliges dejar de juzgar, será útil identificar muchas de las maneras más sutiles en que aparece el juicio en tu vida, porque el juicio tiene mucho que ver con asumir comportamientos adictivos y compulsivos.

| | | |
|---|---|---|
| Conclusión | Propósito | Comparación |
| Creencia | Resolución | Competencia |
| Convicción | Discernimiento | Significación |
| Decisión obligaciones | Definición | Debería, tendría que y |

**Conclusión.** El juicio adopta con frecuencia la forma de conclusiones. Entonces, ¿qué aspecto tiene una conclusión? A menudo, las conclusiones son interpretaciones de los eventos. Digamos que alguien que conoces pasa cerca de ti y no saluda. Podrías concluir, "A ella no le gusto" o "Debe haber algo mal conmigo" o "Debo haberla ofendido".

En cambio, ¿qué tal si te hicieras una pregunta como?: "¿Qué está pasando con esa persona?". Si hicieras una pregunta, podrías ver que ella estaba teniendo un mal día o que no te reconoció. Una pregunta podría cambiarlo todo. Pero la mayoría de nosotros no hacemos una pregunta. Vamos directo a la conclusión.

O digamos que inviertes algo de dinero en un negocio y no funciona como tú querías. Una conclusión sería: "Las cosas nunca funcionan para mí" o "No soy bueno con el dinero". En cambio, ¿qué tal si hicieras preguntas como?: "¿De qué no estaba dispuesto a ser consciente acerca de esto? ¿Hay alguna manera de darle la vuelta esto? ¿Es así como debería invertir o puedo hacer algo diferente?".

Cuando haces una pregunta, te mueves fuera de la conclusión y hacia una consciencia de posibilidades diferentes.

**Creencia.** Otra forma en que el juicio se muestra es en las creencias. Una creencia es algo que has decidido que es verdad basado en tu experiencia. O podría ser algo que has comprado de una figura de autoridad que te dijo que era verdad. Una creencia puede ser sobre cualquier persona o cualquier cosa, incluyendo a ti mismo.

¿Has adoptado creencias sobre ti como parte de tu identidad? Estas podrían ser cosas como: "Soy bueno en los negocios. Esa es mi mayor fortaleza" o "No soy una persona creativa" o "Soy desorganizado". Esas creencias son sólo otra forma de juicio y es algo que puedes dejar ir. Podrías estar pensando, "¡Eso es difícil! Esas cosas parecen tan verdaderas. ¿Y quién sería yo sin ellas?". (Recuerda, una creencia es una forma de juicio, y un juicio tiene una carga, mientras que una toma de consciencia no la tiene. Si dices, "Soy bueno en los negocios", y no hay ninguna carga, puede ser una toma de consciencia. Es muy útil revisar la energía de todo lo que estás diciendo sobre ti o sobre otra persona.)

Dejar ir las creencias que tienes sobre ti mismo es un concepto simple, pero en la práctica puede tomar un tiempo porque nos han enseñado desde el principio de nuestra vida a juzgarnos a nosotros mismos. Y son esos juicios, esas creencias, las que encierran y mantienen todo en su lugar en nuestra vida. No nos dan espacio para movernos.

Luego están todas las creencias que aparecen en relación con la adicción: "Una vez adicto, para siempre un adicto", "Renunciar a la adicción es un proceso largo y doloroso", o "La adicción significa que hay algo terriblemente mal conmigo".

También están las creencias que parecen venir de nuestra experiencia. He trabajado con hombres que han dicho cosas como: "Todas las mujeres son tortuosas. Te van a traicionar". Y he trabajado con mujeres que me han dicho cosas como: "Todos los hombres son abusivos".

Mi respuesta es siempre, "¿En serio? ¿En qué se basa eso?".

El hombre o la mujer en cuestión dice algo como: "He estado allí. Mi esposa me traicionó" o "He estado casada tres veces, y en cada caso mi pareja era abusiva conmigo. Así que eso demuestra mi punto".

La verdad es que las creencias basadas en tu experiencia limitada son perjudiciales para ti, porque tu punto de vista crea tu realidad. Si has decidido que todas las mujeres te traicionarán o que todos los hombres son abusivos, eso es exactamente lo que vas a crear en tu vida. Siempre experimentarás lo que eliges creer.

También asumimos las creencias de nuestra sociedad, nuestra cultura, nuestro país y nuestra religión. Éstas son la raíz del prejuicio. Todos los hombres son ____, todas las personas de color son ____, todos los italianos son ____, todos los judíos son ____. Te animo a cuestionar cada creencia que tienes, sin importar de dónde ha provenido, porque cada creencia es un juicio de una forma u otra. Usa preguntas como:

- ¿Es esta creencia verdad para mí?
- ¿Qué sé yo sobre este tema?
- ¿De quién he comprado esta creencia?
- ¿Cómo me sirve en mi vida? ¿O no me sirve?
- ¿Estoy dispuesto a dejar ir esta creencia?
- ¿He usado esta creencia para definirme y darme una identidad?
- ¿Tengo algún juicio de que, si dejo ir esta creencia, no sabré quién soy?

Las preguntas te llevan más allá de las creencias. Te dan la libertad que estás buscando porque te ayudarán a crear nuevos caminos y posibilidades para ti mismo. En lugar de comprar una creencia, pregunta, "¿Hay otras posibilidades aquí?".

**Convicción.** Las convicciones son creencias especialmente firmes o solidificadas que pueden tener efectos de largo alcance en tu vida. A menudo usamos las convicciones para organizar nuestro mundo; por ejemplo, "No puedo renunciar a mi comportamiento adictivo. Lo necesito para sobrevivir". No importa la forma que tomes las convicciones, siempre implican juicio. Excluyen la consciencia y la posibilidad, y no te dan ningún otro lugar para ir porque, como he dicho, cada vez que tienes un punto de vista fijo, nada que no coincida con ello puede mostrarse.

Uno de los indicios que algo es una convicción es cuando las personas se vuelven muy celosas sobre su punto de vista. Están *convencidas* de que es verdad. Por ejemplo, si tienes la convicción de que la adicción es la obra del diablo, te has condenado a crearlo como tu realidad. Sin embargo, si estás dispuesto a hacer preguntas como: "¿Es *realmente* la adicción una obra del diablo? O ¿Yo ayudé a crear esto? ¿Puedo eliminarlo? ¿Qué más puedo hacer para trascender esta adicción? ¿Dónde más podría obtener un punto de vista diferente o más información?" entonces tienes la posibilidad de que algo más se muestre en tu vida.

**Decisión.** Las decisiones siempre se basan en juicios. Hay una gran diferencia entre *elegir* y *decidir*. La elección es abierta y expansiva. La decisión tiene una solidez. "He decidido que voy a hacer esto". Eso es todo. Hay una sensación de carácter definitivo.

Las decisiones nos atrapan, porque una vez que decidimos, creemos que tiene que permanecer en su lugar. Por ejemplo, si has *decidido* aceptar un trabajo, ¿Cuán libre eres de estar consciente un mes más tarde que el trabajo no está funcionando? ¿Cuán libre eres para decir, "¿Sabes qué? Voy a hacer algo diferente".

Hay algo más acerca de las decisiones. Las decisiones se toman a menudo a través de un proceso de análisis que emplea la mente. Tratas de averiguar si debes tomar un trabajo analizando las horas, el sueldo, los beneficios y otros factores y excluyes tu saber y tu consciencia. Piensas que si analizas todo correctamente llegarás a la decisión correcta. Pero ¿ha funcionado para ti ese tipo de análisis? No. ¿Por qué? Porque el analizar las cosas consiste completamente en juzgar.

No sólo eso, sino que tendemos a juzgarnos severamente si vamos en contra de nuestras decisiones. Por ejemplo, si empiezas a salir con un hombre y decides que es el tipo más maravilloso del mundo, y luego, dos meses después, te haces consciente de que en realidad es muy egocéntrico y piensa poco en ti, puede que te cueste decir, "Espera un minuto. Voy a cambiar de opinión. Lo voy a dejar". En general, las personas sienten que tienen que atenerse a sus decisiones, pero hacer esto hace que la decisión sea más grande y más importante que su consciencia de lo que realmente está sucediendo.

En lugar de operar desde la decisión, te animo a que te muevas hacia la elección. La elección consiste en estar presente en cada momento y ver lo que va a funcionar para ti. Con la elección, consigues elegir y elegir otra vez. Puedes preguntar: "¿Es expansivo aceptar este trabajo? ¿Sí? De acuerdo". Seis meses después puedes preguntar: "¿Es expansivo quedarme con este trabajo? ¿No? Bien". Puedes elegir otra cosa. Qué tan diferente es eso a decir: "Bueno decidí tomar este trabajo así que voy a seguir con él para siempre, aunque no es en absoluto lo que quiero".

Con la elección puedes decir, "Elijo empezar esta dieta", y cinco días más tarde puedes decir, "Mi cuerpo no quiere hacer esto más. Voy a tomar una elección diferente". O podrías entrar en decisión y decir, "Este es un programa de seis semanas y lo voy a aguanta, aunque me sienta fatal y mi cuerpo me dice que no quiere hacerlo más".

Una de las únicas constantes en la vida es el cambio. Las cosas cambian todo el tiempo, y sin embargo hay un gran juicio en esta realidad de que la medida de la salud mental de alguien es la coherencia y el compromiso. Admiramos a las personas que siguen con las mismas cosas sin importar qué. "He estado casado con la misma persona durante 60 años". "He vivido en el mismo lugar 40 años". Eso es maravilloso, si amas a la persona con la que estás casado o al lugar donde vives. Pero no honras un lugar, a otra persona, a ti mismo, o cualquier otra cosa si sabes que algo no está funcionando y actúas como si lo fuera.

La decisión te mantiene contraído porque se basa en el juicio. La elección se basa en la toma de consciencia; te permite expandirte y honrarte a ti mismo y a todo el mundo, y a todo lo demás y, muy importante, la elección te ayudará a superar la adicción.

**Propósito.** El propósito es la razón por la que algo existe o está hecho, o es usado. Mucha gente dice que quiere tener un propósito de vida. Pero ¿cuánto juicio implica tener un propósito de vida? ¿Y cuánto esa declaración de tu propósito de vida corta tu toma de consciencia y posibilidades?

Por ejemplo, si tu propósito de vida es ser bondadoso, has hecho un juicio que ser bondadoso es el único comportamiento apropiado en cualquier situación. ¿Y si alguien te está robando y has decidido que sería poco bondadoso decirle que no puede quedarse en tu casa o visitarte? Así que ella sigue viniendo a tu casa y robando de ti y sigues diciéndote: "Bueno, tengo el propósito de ser bondadoso, así que no puedo pedirle que se vaya".

¿Ves cómo el tener un propósito de vida podría limitarte? Cuando tienes un propósito de vida, no eres capaz de ser consciente y elegir momento a momento. No te permite tener verdadera libertad. En lugar de tener un propósito de vida te animo a tener prioridades. No se graban en piedra. Si haces ser bondadoso que sea una prioridad (en lugar de un propósito) puedes ser consciente en cada situación y decir, "Mi prioridad es ser bondadoso aquí. ¿Cómo sería eso?". Tal vez ser bondadoso en la situación en la que alguien te roba significa ser bondadoso contigo mismo y decirle a la persona que ya no es bienvenida a tu casa, porque eres consciente de que te está robando.

Te invito a pasar de un propósito a una prioridad, porque el propósito implica enormes cantidades de juicio, y te bloqueará de la misma manera en que lo hace el comportamiento adictivo.

**Resolución.** Una resolución es como una meta; es el objeto o el final que te esfuerzas por alcanzar. También es como un *gaol*, que es la palabra británica para la cárcel. Las metas y las resoluciones siempre implican juicio. ¿Has hecho resoluciones de año nuevo que no funcionaron? ¿Y por qué no funcionaron? Porque se basaban en juicios que debías hacer *esto* y *esto* era la cosa adecuada y correcta por hacer. Tomaste una resolución y te encerraste en la cárcel de tu juicio.

Las resoluciones no se basan en una consciencia de lo que realmente es. Y están fijas en su lugar; son un punto de vista fijo. ¿Qué sucede cuando cambian las circunstancias? ¿Tendrás la consciencia de darte cuenta de eso y tomar las acciones apropiadas o se mantendrá tu atención fija en tu resolución?

Otra dificultad con las resoluciones y las metas es que tienden a conducir aún más a un autojuicio. Cuando nos encerramos en una resolución o una meta, estamos atrapados en ella incluso cuando las circunstancias cambian. Por ejemplo, si decides dejar de fumar al final del mes, y tienes la muerte de un miembro de la familia o una crisis en el trabajo, y fumar es una de las maneras en que manejas el estrés, podrías ser poco realista esperar de ti mismo que lo dejes durante ese tiempo. Y, sin embargo, si tienes la resolución o la meta de dejarlo y sigues fumando, terminarás juzgándote duramente.

Un enfoque más expansivo es dejar ir tus metas y resoluciones y elegir en su lugar objetivos para ti. Un objetivo es algo a lo que puedes apuntar; se puede mover y cambiar a medida que te haces consciente de las nuevas posibilidades.

**Discernimiento.** El juicio también aparece como discernimiento. De hecho, el *discernimiento* se define como la capacidad de juzgar bien. Es el proceso de seleccionar lo que es bueno, malo o vale la pena.

El discernimiento también se utiliza en relación con discernir la voluntad de Dios, que consiste en juzgar lo que está bien o mal. Se utiliza generalmente como una excusa para no ser consciente de lo que realmente está sucediendo y para no hacer lo que te de la gana. Está bien, siempre y cuando lo tengas claro que estás eligiendo el juicio sobre la consciencia.

Una vez vino a verme una mujer que acababa de entrar en la recuperación tradicional de una adicción a la cocaína a largo plazo. Ella había sido adicta a la cocaína a lo largo de la vida de su hija adolescente, y cuando la hija tenía diez años de edad, encontró a su madre inconsciente por sobredosis y tuvo que llamar al 911. Hubo otros eventos similares a lo largo de la vida de la hija. Le pregunté a la mujer, "¿Cómo sería si tuviéramos algo de terapia para tu hija?".

La mujer se indignó. Claramente no estaba dispuesta a ver lo que su adicción podría haber creado para su hija. Cuando regresó para su próxima sesión, dijo: "No voy a trabajar contigo porque sé que no es la voluntad de Dios tener a mi hija en terapia. Ella no lo necesita. Simplemente voy a hacer este programa de recuperación, y no necesito hacer ninguna pregunta sobre cómo ha sido mi adicción para mi hija".

Cuando alguien usa el discernimiento de esa manera, no tiene sentido discutir con él o ella. Ya han escogido y solidificado lo que decidieron que es correcto y verdadero. En este momento, simplemente le deseé lo mejor a la mujer y me despedí.

**Definición**. Cuando defines quién eres y quién no eres, te impides cambiar y ser cualquier cosa y todo lo que puedas ser, porque has entrado en el juicio.

Solía definirme a mí misma como alguien que no podía manejar grandes cantidades de papeleo. Necesitaba a alguien más para lidiar con ellos por mí. Yo diría, "El papeleo no es lo mío". Cuando miré hacia atrás, vi que me dijeron desde muy temprano que no era buena con el papeleo, y ya que no era algo que me interesaba, nunca desarrollé el conjunto de destrezas para lidiar con él. Recientemente pregunté: "¿Qué se necesitaría para mí desarrollar la habilidad de manejar el papeleo? No es que no podría contratar a alguien que me ayude pero ¿es esa una posibilidad para mí?". Era ligero.

Así que empecé a aprender cómo manejar el papeleo, y ahora puedo lidiar con montones de él. Si hubiera permanecido en el juicio y en la definición de quién era yo, que no era una persona que pudiera manejar grandes cantidades de papeleo, nunca habría sido capaz de cambiar.

Definirte como cualquier cosa, incluyendo como un adicto, es otra forma de limitarte o disminuirte, porque eres mucho más que cualquier definición que te pongas. Cuando usas la consciencia en lugar de las definiciones, puedes hacer y ser mucho más de lo que juzgas que puedes hacer y ser. Por favor, no uses la definición para limitarte.

**Comparación.** La comparación también puede ser una forma de juicio. Esto es particularmente cierto cuando la comparación toma algo que es complejo y multidimensional, lo reduce a una o dos características y lo evalúa contra otra cosa que se ha reducido de una manera similar, y luego llega a un juicio sobre una persona o cosa entera y polifacética. Este tipo de comparaciones son engañosas y sin sentido porque el contexto del todo ha sido retirado. Son una mentira, o una distorsión en el mejor de los casos.

Compararte con otra persona inevitablemente quita y esconde tu singularidad absoluta. ¿Hay alguien en el mundo con el que pudieras compararte de verdad? No hay otro tú en el mundo entero, nunca lo ha habido, nunca lo habrá. Eres tan especial y único. Cada vez que te comparas con otra persona, tienes que juzgarte a ti mismo, contraerte y ponerte en el universo del otro, lo que inevitablemente te disminuye.

La otra cosa acerca de las comparaciones es que siempre dependen de algún estándar externo. Recientemente hablé con un joven que asistía a una escuela secundaria muy competitiva. Las notas de evaluación de los estudiantes se hacían públicas y los estudiantes comparaban sus resultados de las pruebas como si hubiera algo significativo en ellos. Después de que el joven y yo hablamos durante un tiempo, él comenzó a ver que las pruebas eran una valoración incompleta e inexacta de las personas en su clase. Las pruebas ni siquiera pronosticaban con precisión el potencial académico de los estudiantes. Aun así, era como si todos hubieran acordado que las pruebas tenían alguna validez o mérito inherente y que la clasificación de un estudiante en la prueba, en comparación con otros estudiantes, en realidad tenía algún significado.

por Marilyn Maxwell Bradford

**Competencia.** La competencia es una forma de juicio que se promueve fuertemente en nuestra cultura. La mayoría de la competencia implica un intento de vencer a o "ser mejor que" otra persona al lograr un estándar arbitrario.

Incluso si "ganas" la competencia y "derrotas a alguien", ¿te satisface eso en realidad? Cuando estás compitiendo, si has ganado la carrera, hiciste la mayor cantidad de dinero, o te presentaste con el peinado más bonito, tienes que seguir defendiendo tu título para asegurarte de que nadie te quite la victoria. Considéralo como una forma de vivir. Has limitado completamente las elecciones que tienes, debido a la energía que se necesita para estar constantemente vigilante de cualquier persona que podría ganarte. ¿Y cuánto puedes relajarte y mostrarte como tú cuando estás compitiendo? Si alguien está compitiendo contigo, puede ser muy tentador unirse a la carrera. Sin darte cuenta, puedes dejarte engañar para competir con ellos. Pero no te lo tienes que comprar, si eres consciente.

Hay, sin embargo, un tipo de competencia que es generativa, y eso es competir contigo mismo. Competir contigo mismo no se trata de "Tengo que ser mejor" o "Tengo que hacerlo bien". Es más como "Lo hice. Eso fue divertido. ¿Qué más podía hacer?". Te "sobrecreas" a ti mismo. Es expansivo; el juicio no es parte de ello. "He preparado algunas galletas curiosas. ¿Qué otro tipo de galletas podría cocinar? ¿Qué puedo añadir a esa receta?". "Exploré esta sección de la ciudad aunque tenía un poco de miedo de hacerlo. ¿Dónde más puedo explorar?". "Vaya, estoy eligiendo mostrarme como yo y estoy participando menos en mi comportamiento adictivo o compulsivo. ¿Qué podría hacer para incrementar eso?".

Cuanto más eliges ser quien eres, menos te tragas las realidades de otras personas, y eso es lo que hace el juicio. Requiere que te creas la realidad de otra persona y te juzgues por sus estándares. ¿Cómo sería si renunciaras a toda la competencia excepto a la diversión de "sobrecrearte" a ti mismo?

**Significativo.** Hacer algo significativo siempre requiere juicio. ¿Qué quiero decir con eso? Aquí hay un ejemplo: un día un enorme halcón de cola roja aterrizó en la barandilla de mi patio. Estaba encantada de verlo allí, y tomé algunas fotos maravillosas de él. Cuando se los mostré a la gente, algunos decían cosas como: "Vaya, un halcón es un tótem que tiene mucho significado".

Era tentador hacer algo "significativo" de la visita del halcón y empezar a pensar en lo que significaba, algo por el estilo de "Esto significa que necesito desarrollar mi energía de halcón" o "¿Qué es lo que la presencia del halcón en mi patio significa para mí?". Afortunadamente, no fui allí. En lugar de eso, estaba simplemente agradecida por el regalo de tener a este magnífico pájaro a sólo diez metros de distancia de mí durante un largo período de tiempo.

Si eliges no hacer las cosas significativas, tendrás mucha más consciencia y gozo en tu vida. La verdadera vida es el gozo de estar vivo, ser tú y ser consciente. Cada vez que te encuentras haciendo algo significativo, pregunta "Si no hiciera esto significativo, ¿de qué estaría siendo consciente aquí?".

**Debería, tendría que y obligaciones.** Todos los "deberías", "tendría que" y obligaciones en tu vida son arbitrarios. Provienen de los puntos de vista y los juicios de otras personas. "Deberías visitar a tu madre más a menudo". "No deberías ser tan sexual". "Tendrías que ayudarme cada vez que te lo pido". Cuando te compras los "debería", los "tendría que" y las obligaciones, te compras la energía de la contracción. Entras en la realidad de alguien más y renuncias a tener elección en tu vida.

"Estoy obligado a ser una buena persona". ¿Realmente? ¿Según la definición de "buena" de quién? ¿Y qué es una buena persona? ¿Alguien que está dispuesto a tumbarse y ser un tapete? "Estoy obligado a cuidar de ciertos miembros de la familia". Si eso es ligero y expansivo para ti, si te honra, entonces por supuesto, hazlo. Pero cuando es ligero, no es una obligación. Se trata de tu elección.

Las obligaciones te ponen en piloto automático. Eliminan la elección y requieren que actúes de acuerdo con el programa de otra persona. "Tengo obligaciones y ellas componen toda mi vida. Realmente no existo, pero está bien porque estoy cumpliendo con mis responsabilidades, y obviamente, lo estoy haciendo bien". Es todo juicio.

Cuando tomes consciencia de que te has atrapado con un debería, un tendría que o con una obligación, pregunta:

- Bien, ¿qué es esto?
- ¿De quién es esta idea?
- ¿Quién cree que yo debería hacer esto o que estoy obligado a hacerlo?
- ¿Funciona eso para mí?
- ¿Me da eso más de mí?
- ¿Eso está añadiendo a mi vida?

Si te has dedicado a cuidar de todos los miembros de tu familia para que no tengan que cuidarse a sí mismos, y de repente te alejas de ellos y empiezas a tomar elecciones que realmente funcionan para ti, es posible que te juzguen como egoísta. A menudo son los juicios de otros los que nos mantienen regresando a los "debería", a los "tendría que" y a las obligaciones. Sé consciente de eso, y no compres la idea de que, porque estás cuidando de ti mismo, eres egocéntrico o egoísta. En realidad, es lo opuesto. Cuando estás siendo tú, estás en el camino de convertirte en el regalo que eres para el mundo.

# Recursos

**Para contactar con Marilyn o saber más sobre el programa de La recuperación correcta para ti:**

**Para saber más sobre Access Consciousness o para localizar a un facilitador de Access Consciousness en tu área:**

http://www.accessconsciousness.com/

Para más información sobre el enunciado aclarador de Access Consciousness:

http://www.theclearingstatement.com/
http://www.accessconsciousness.com/content60.asp

www.ingramcontent.com/pod-product-compliance
Lightning Source LLC
Chambersburg PA
CBHW011954150426
43198CB00019B/2926